承先启后：利丰冯氏迈向110周年
——一个跨国商贸企业的创新与超越

冯邦彦　著

中国人民大学出版社
·北京·

序　言

　　2016年，在冯氏集团（原利丰集团）创办110周年之际，很高兴冯邦彦教授再次执笔，详述了集团超过一个世纪的发展史。冯教授以其细腻的笔触，描述了冯氏由110年前一个传统商号到今时今日跨国商贸集团的发展历程。冯教授对公司不同业务部门进行大量的数据搜集及深入访问，将冯氏四代及冯氏员工如何创业、守业，面对困难时如何应对等以生动的方式为读者展现铺陈。

　　冯氏集团原名利丰集团，由先祖父冯柏燎与李道明先生合资，于1906年11月28日在广州沙面成立。公司的名称由李道明的"李"和冯柏燎的"冯"两字的谐音"利"与"丰"组成，寓意"利润丰盛"。利丰开业之初，以外销陶瓷为主业，并兼营古董及工艺品。其后，利丰逐步将外销的业务扩展到竹器、藤器、烟花、爆竹，以及玉石和象牙等手工艺品等，生意很快走上轨道。

　　20世纪30、40年代，日本侵华，广州沦陷，先祖父冯柏燎将利丰迁移至相对安全稳定的香港。及后二战爆发，香港也沦陷了，利丰的业务陷于瘫痪。1945年，日本宣布无条件投降，先父冯汉柱领导公司，恢复业务。翌年，利丰输入了一种香港从来没有过的新产品——原子笔（Ballpoint pen）。原子笔是美国公司在二战末期发明的一种新笔；战争结束，利丰就立即将这一产品空运来港销售，成为全港出售原子笔的第一家商号。利丰将这一新产品命名为"原子笔"，使人们联想到结束二战的原子弹，取原子弹代表先进科技的意思。而这一名称仍沿用至今。

1950年代开始，香港经济起飞，制造业发展开始蓬勃。到60年代，利丰已从40年代只有数十名职员的小型公司发展成为一家拥有数百家海外客户以及采购网络遍及香港逾1 000家工厂的贸易公司。1970年代初，胞弟冯国纶和我先后从美国返港加入利丰。为了配合宏观商贸环境的改变，我们利用从美国学到的先进管理理论，对利丰进行了一次哈佛案例式的研究，由此发现了公司在内部结构、会计部门等方面存在需要改善之处。我和国纶随即着手策划历时两年的改革，之后更于1973年将利丰成功上市，成为公司迈向现代化企业的里程碑。

1978年，内地实行改革开放，为利丰带来极大的发展机遇。当时，香港很多工厂将劳动密集的生产工序迁移内地，然后将为制造业提供的生产性服务如会计、物流、包装等留在香港，于是，香港逐步发展为生产性服务中心。面对这种新兴离岸生产模式，利丰与时并进，以先进的供应链管理手段，管理已迁移到内地的工厂网络，为客户提供采购及相关服务。

踏入21世纪，随着内地改革开放成果渐见，香港与内地的接触也愈见频繁。2003年，内地与香港签订关于建立更紧密经贸关系的协议（CEPA），从2004年起对香港开放服务业。利丰把握机会，成为最早一批在CEPA框架下进入内地的外资服务业公司。现时，集团在全球40个国家设立了300多个办事处及配送中心，拥有15 000多家供货商环球采购网络，全球雇用45 100名员工。在新经济及商业模式不断创新的时代，利丰也逐渐将工作交予下一代，以新思维带领公司，以面对新时代的挑战。

经过一个多世纪的洗礼，利丰的核心业务已发展至涵盖贸易、零售、分销及物流。为了进一步厘清整个集团业务和上市公司利丰有限公司的业务关系，经过慎重考虑，集团决定从2012年8月1日起，将"利丰集团"改组为"冯氏集团"。而冯氏集团旗下最主要的上市公司利丰有限公司的名称则维持不变。

非常感谢冯教授邀请我为本书作序。如果说一个企业的发展历程可以反映香港的近代史，相信冯氏集团正是这样一个企业。冯氏与近代港人经历了相同的年代，见证了相同的岁月，我相信很多读者会在这部企业发展史中找到共鸣。于我而言，这部企业发展史还有更深一层的意义，如果没有书中叙述的家族几代人的努力以及员工的耕耘，我们便无法跨过历史多次危机，也就无法成就今天的冯氏。

最后，我希望借着为冯教授写序的机会，向先辈们的努力表示衷心的敬意，并对所有对集团做过贡献的同事们表示由衷的感谢。

冯国经
冯氏集团主席
2016年5月

目 录

一、早期发展：利丰的"海上丝绸之路" / 1

二、现代化与专业化 / 23

三、冯汉柱与黑猫牌烟花 / 39

四、走向世界：利丰的全球供应链管理 / 57

五、冯氏集团授权品牌营运业务 / 75

六、从利丰到冯氏：转型与拓展 / 95

七、冯氏在中国内地的发展 / 125

八、企业责任与可持续发展 / 143

九、发展愿景 / 163

大事年表 / 170

一、早期发展：利丰的"海上丝绸之路"

历史上，中国大规模的对外商贸、文化交往有两条通道：丝绸之路与海上丝绸之路。其中，丝绸之路是连接中国内陆腹地与亚欧诸国的陆上商业贸易通道。西汉汉武帝时期，张骞从长安出使西域，首次开拓丝绸之路。在这条通商古道进行贸易的货物中，以中国的丝绸最为闻名，丝绸之路因而得名。[①] 海上丝绸之路则是指古代中国与世界各国展开商贸、文化交往的海上通道。唐朝中后期，陆上丝绸之路因战乱受阻，加上当时中国经济重心逐步转移至南方，而海路运量大、成本低、安全性高，海路便取代陆路成为中外贸易主通道。宋朝时期，由于商业科技高度发展，加上阿拉伯世界对海洋贸易热忱，海上丝绸之路达到空前繁盛。及至明清"海禁"时期，海上丝绸之路才逐渐衰落。

在海上丝绸之路中，广州一直扮演着重要角色。自盛唐以

---

① 1877年，德国地理学家李希霍芬（Ferdinand Freiherr von Richthofen）将这条连接中国与亚欧诸国的古商道命名为"丝绸之路"，即被广泛接受。

来，广州一直是中国主要的对外通商港口。及至清朝乾隆时期，广州更取得了"一口通关"的垄断地位。当时，广州成为中西贸易枢纽，全国各地运到广州的货物多达 80 余种。1842 年鸦片战争以后，香港取代广州成为外商对华贸易的第一中转港，广州的外贸地位虽然下降，但由于毗邻港澳，依托富庶的珠江三角洲，加上华侨投资，商贸业仍然相当繁荣。广州仍然是中国华南地区最重要的商贸中心。

香港是现代海上丝绸之路的重要一环

在这种历史背景下，创办于 1906 年的利丰开启了自己的海上丝绸之路：它作为中国第一家由本地华商直接从事对外贸易的华资出口公司，从千年商港广州出发，背靠中国内地广阔的腹地，以香港为中转站，源源不断地将中国的产品，包括陶瓷、竹藤器、烟花爆竹、古董及工艺品，乃至战后的纺织品、服装、硬货等，输往美国、欧洲等世界各地。1996年，利丰为纪念公司成立90周年出版纪念册 The Silk Road Today：A Hong Kong Story。集团主席冯国经在前言中指出："与旧的丝绸之路不同，新的丝绸之路必定经过香港，香港作为现代大都会已成为进入中国的首要门户。利丰作为中国主要的贸易跨国公司，以香港为总部，经营着中国与世界其他16个国家的贸易往来，直接成为这条双向的现代丝绸之路的组成部分。"①

■ 第一站：广州岁月

晚清时期，中国沿海口岸城市，特别是广州、上海等，直接受到西方文明示范效应影响，现代工商业蓬勃兴起，绅商阶层的地位大幅提高。随着社会结构的转变，以梁启超为代表的维新思想在沿海地区，特别是沿海城市得到广泛的传播，孙中山领导的同盟会也开始活跃在历史舞台上。在这种背景下，清政府为挽救皇朝免于覆灭，推行自上而下的新政，奖励工商业发展，包括成立商部（其后改为农工商部），颁布《商人通例》、《公司律》、《奖励公司章程》和《奖给商勋章程》等。通过立法和奖励，开始否定历数千年不变的"贱商"传统，工商业者的权益和地位得到了一定程度的保障。冯柏燎正是在这种特定的经济环境下创办利丰公司的。

冯柏燎（1880—1943），字耀卿，广东鹤山县古劳镇人。父

---

① Philippe Ullens，*The Silk Road Today：A Hong Kong Story*，Li & Fung Limited，1996，p. 5.

亲冯杰时是鹤山一富裕农家子弟。冯杰时膝下有六个儿女，冯柏燎排行最小。由于长兄在香港一家英国国际电报公司任职，冯柏燎对香港相当憧憬。他希望到香港读书，学习西方先进知识，接触更广阔的外部世界。父亲答应了他的要求。1900年前后至1904年间，冯柏燎入读香港皇仁书院。在学习期间，他取得了优异的成绩。1937年出版的《香港华人名人史略》对他在皇仁书院的学习有这样的评述：冯柏燎"性聪颖，勤读书，试辄前列，曾考获该院免费生摩利臣学额"。① 四五年的学习，使冯柏燎熟练地掌握了英语。冯柏燎还深入地了解了以英国为代表的西方社会的商业运作模式，这为他日后的创业奠定了坚实基础。

冯柏燎摄于1915年

1904年毕业后，冯柏燎曾留在皇仁书院当教师。不过，冯柏燎对教师这一职业缺乏兴趣，他希望从商，走商业救国的道路。1904年，冯柏燎离开香港返回广州，在商人李道明的一家名为"宝兴瓷庄"的瓷器商店任出口部经理。宝兴瓷庄专营来自江西景德镇及全国其他各地的精美瓷器，生意颇具规模。由于冯柏燎对工作极为认真负责，且通晓英语，很快就获得李道明的信任。两人建立起深厚的友谊。当时，英美洋行垄断了中国绝大部分的

---

① 吴醒濂：《香港华人名人史略》，47页，香港，香港五洲书局，1937。

进出口贸易。冯栢燎认为，中国的商业机构，在社会联系及对本地产品的熟悉程度等各方面都比外国公司优胜，如果在语言沟通方面没有问题，由中国人经营本国出口商品，一定会比外国公司做得好。冯栢燎的想法得到了李道明的支持。两人决定合伙创建一家华资贸易公司，由李道明出资，冯栢燎负责公司的业务经营。

冯栢燎创业前任职的商店"宝兴瓷庄"

1906年11月28日，冯栢燎与李道明合资，创办利丰公司（Li & Fung Co.），店铺就设在广州沙面隔河相对的岸边，即今日的六二三路188号。其中，冯栢燎占51%权益，李道明占49%。公司的名称，由李道明的"李"和冯栢燎的"冯"两字的谐音"利"与"丰"组成，寓意"利润丰盛"。① 冯柏燎与李道明创办利丰，是试图以纯华资的做法，直接主理中国货品的采购及外销。利丰开业之初，以外销陶瓷为主业，并兼营古董及工艺品，将景德镇陶瓷、石湾陶瓷以及"广彩"陶瓷源源不断地销往海外，生意兴旺。其后，利丰逐步将外销的业务扩展到竹器、藤器、烟花、爆竹，以及玉石和象牙等手工艺品等，生意很快走上轨道。

冯柏燎及其合伙人李道明，摄于广州冯宅庭院中的兰花藤架下

■ 开拓美欧市场

冯柏燎获中国政府邀请，作为政府代表团代表参加在美国举行的巴拿马—太平洋国际博览会（Panama-Pacific International Exposition）。巴拿马—太平洋国际博览会于 1915 年 2 月 4 日在

---

① 参见哈特臣：《锦霞满天——利丰发展的道路》，26 页，广州，中山大学出版社，1992。

一、早期发展：利丰的"海上丝绸之路"

美国旧金山开幕，同年12月4日闭幕，历时10个月。博览会举办的目的有两个：一是庆祝巴拿马运河正式开放启用（1914年8月15日），并纪念1513年探险家巴尔沃亚发现太平洋的壮举；二是1906年4月18日旧金山遭遇地震及大火，大规模重建进行经年至1915年完成，因此也借助举行此活动作为旧金山新貌的标记。当时，正值第一次世界大战爆发期间，但全球仍有31个国家派代表团（其中25个为官方代表）前往参加，整个会展期间参观人数达到1 300万人次，收益超过200万美元。①

出席巴拿马博览会的外国商务代表，摄于1915年，冯栢燎为书桌前方，左起第四位黑发者

---

① 参见何文翔：《冯汉柱家族发迹史》，载《资本杂志》，1992（2）。

约瑟夫·聂沙，冯柏燎出席巴拿马博览会后于回程中遇上的约瑟夫·聂沙，其后约瑟夫成为利丰的大买家

冯柏燎作为中国政府代表参加了盛会，在深入考察美国经济、社会之余，更亲身了解到美国市场庞大的商机。在返程途中，冯柏燎结识了美国纽约伊拿士有限公司（Ignaz Strauss & Co. Inc.）的约瑟夫·聂沙（Joseph N. Sipser）。伊拿士是著名的东方进口商，美国多家高级连锁店、百货公司及邮递购物服务公司的采购代理商。在漫长的航程中，两人成为好朋友，伊拿士公司也因而成为利丰最大的买家之一。双方的合作关系维持了半个世纪之久。参加巴拿马国际博览会，成为利丰发展的一个重要转折点。此后，冯柏燎每年至少去一次美国，与美国商界建立了密切联系。那时期，许多美国商人，包括来到中国的美国商人，不想通过英资洋行与中国做生意，而愿意与冯柏燎合作。因此，利丰的业务从早期就已经非常美国化。

20世纪20年代，利丰业务走向多元化，先后开设了轻工艺厂及仓库。利丰在广州沙面河旁修建楼高五层的利丰大厦作为公司总部所在地。当时，沙面为英法租借地，是各国领事馆及大批外资洋行、银行云集的地区。当时，外资洋行中，最著名是怡和洋行。怡和洋行经营的进口商品从棉纱、线纱、毛棉到各种机器、军火，出口商品则包括从茶叶、生丝、草席、香蕉到桐油、钨矿砂、麻袋、猪鬃毛等军用物资。利丰店铺毗邻沙面，正方便公司与聚集在沙面的英美洋行做生意。与外国公司不同，利丰从来不用聘请买办，因为冯柏燎能操流利英语，直接与外资洋行的贸易经理洽谈、沟通。这一时期，与利丰做生意的洋行主要有怡和洋行、免那洋行、天祥洋行、新其昌洋行（Shewan Tomes & Co.）以及的观洋行（Deacon & Co.）等。怡和洋行经常与利丰做生意，向利丰购买大批的竹器藤具、酸枝家具等销往欧美市场。

1925年6月，广州沙面爆发沙基惨案，导致了中国人民更大规模的反对帝国主义运动，上海、广州、香港等港口在接近半年时间内陷于瘫痪，许多外国机构只得放弃或收缩它们的业务。不过，抵制运动并没有影响利丰的生意，反而替它开辟了一些新的贸易渠道，使它跻身于代理行业之中。当时，中国政府不准外商在广州兴建码头，冯柏燎却能运用他与地方政府的良好关系，获准为日本大阪商船株式会社（O. S. K. Line）和日本邮船株式会社（N. K. K. Line）在广州建造专用码头，成为日本大阪商船株式会社、日本邮船株式会社，以及日本大阪海运及火灾保险公司（Osaka Marine & Fire Insurance Company）在广州业务的总代理，参与航运及保险业务。

这期间，利丰也成为香港英商域景洋行（Harry Wicking & Co. Ltd.）的进口总代理，取得了该公司大部分进口货及所有中国出口货的代理权，直至第二次世界大战结束之后方才解约。

冯氏第二代的承传

20世纪20年代末期至30年代初，冯柏燎的三个子女——冯慕英、冯丽华和冯汉柱先后进入利丰，逐渐成为利丰管理层的第二代领军人物。冯慕英早年在香港拔萃书院英文中学念书，1927

年毕业后返回广州，加入利丰做见习生，后来晋升为经理，成为父亲冯栢燎的主要业务助手，经商手法颇为灵活。四女冯丽华早年就读香港嘉诺撒圣心书院，1930年毕业后加入利丰，当时年仅16岁。冯丽华加入利丰初期也是从见习生做起，后来协助父亲从事公司文书、财会等工作，成为公司管理人员。

冯栢燎（右）偕子冯慕英（左）及冯汉柱（中）合影，背景为利丰广州总部的入口处

冯汉柱加入利丰比冯丽华约迟了半年多。促使冯汉柱加入利丰的，则是1931年公司的一场危机——冯友仁"出走"。冯友仁是冯栢燎已故兄长的儿子，一直由冯栢燎收养，视为己出。冯友仁加入利丰后，成为冯栢燎的助手，出任利丰公司的行政助理，掌揽行政大权。然而，冯友仁并不就此满足。1931年，冯友仁率

一、早期发展：利丰的"海上丝绸之路"

领几乎所有高级职员离开利丰，另立门户，成立了"联丰公司"（Luen Fung & Co.），并拉走了利丰的主要客户。冯友仁还企图拉拢利丰的主要股东李道明加入联丰，但被李道明拒绝。不过，后来联丰仅维持了数年时间，便宣告破产。冯友仁的"出走"对冯栢燎的身心造成了相当大的打击。这一时期，他患上了高血压。在业务方面，冯友仁的出走给利丰造成了很大的困难。面对危机，冯栢燎要求三子冯汉柱加入利丰，以解公司的困境。当时，冯汉柱刚从香港英皇书院毕业，正准备考入香港大学攻读矿务工程。面对父亲的要求和公司的危机，冯汉柱毅然回到广州，加入利丰，服从家族事业的需要。

20世纪30年代，利丰在广州已具有一定地位。据1931年《广州商业年鉴》记载，利丰在商界中属"出入口办庄"类，为28家同类公司中之一家，其中经营与利丰业务相近的出入口洋庄，就只有另外一家位于兴隆街92号的兴记。到30年代中期，利丰在广州的事业达到了鼎盛时期。当时，利丰总部设在广州，分布在各地的分支机构多达22个，负责从全国各个省份收购各类产品出口海外。当时，利丰的采购已有相当规模，下一张订单一般都有好几万港元的价值。此外，利丰在广州有一家藤器厂，在江西景德镇有一个陶瓷窑。

利丰广州总部

利丰已成为中国一家颇具规模的出口贸易公司。利丰经营的产品，已从早期的陶瓷、竹筐藤篮、烟花爆竹等传统产品扩展到黄铜制品、搪瓷制品，及部分中国土特产品，如桐油、玉桂、竹杖和藤器等，其中一部分卖给沙面的外资洋行，由它们经销至海外，其余部分由公司自己销往美国。由于广州珠江河水较浅，大型货船无法在广州附近靠岸，利丰便将出口货物运送到香港再转运海外。

1937年，"七七"卢沟桥事变，抗日战争全面爆发。当年，日军轰炸广州，造成大量平民伤亡，市内建筑、通信设备受到严重损毁。1938年9月，日军空袭粤汉铁路及九广铁路，九广铁路南岗站被炸，广州至香港火车停开。面对时局的急剧转变，冯栢燎知道，利丰在广州的生意已走到尽头。当时，唯有香港比较稳定，不容易受到内地政治和日本侵略的影响。冯栢燎决定将利丰迁移到较为安全的香港，而总公司则继续留在广州，维持贸易生意，直至战争到来。

■ 第二站：香港扎根

香港位于中国东南沿海，珠江口东岸，距广州约200公里，濒临南中国海和西太平洋，是中国南方的重要门户。最具商业和战略价值的是，香港岛和九龙半岛环抱的维多利亚海港，港阔水深，海港面积达60平方公里，港内可同时停泊150艘远洋轮船，吃水12米的远洋巨轮可自由进出。港外有天然屏障，港内风平浪静，是与旧金山、里约热内卢齐名的世界三大天然良港之一。这种优越的地理条件，使它在开埠后的100多年间，从对华鸦片走私基地发展成为亚太地区重要的贸易运输枢纽和转口港。

1841年英军占领香港岛后，于当年6月7日宣布将香港辟为自由港，香港正式开埠。19世纪70年代，香港经济开始呈现初步的繁荣，外资洋行增加到200多家。这些洋行主要经营大宗货品的远洋转口贸易，包括鸦片、棉纺织品、洋货、茶叶、丝绸和中国的土特产品等，其中以鸦片贸易最为重要。研究香港的历史学家，不少将1898年作为香港最终确立其作为远东贸易转口港地位的起端。事实上，这一年发生的两件大事，对香港最终确立贸易转口港地位产生了重要而深远的影响。第一件是香港地域扩展到新界，第二件是兴建贯通香港与广州铁路动脉——九广铁路。

其实，利丰与香港的联系，早在公司创办初期已经建立。当时，利丰以广州为总部，通过其国内的采购网络，将货品通过香港转运到海外。据现存数据，利丰最早在香港设立分支机构的时间约在1917年。1937年出版的《香港华人名人史略》写道："1917年，彼（冯栢燎）为扩张海外营业起见，乃分设支号于香岛。"① 据1933年出版的《香港、上海、广州商业人名录》的记载，1932年利丰已在香港开设分行，地点就设在中环昭隆街10号，属出入口庄。1936年出版的《香港华南商务行名录》也有这一记录，地点仍设在中环昭隆街10号。当时，利丰在港岛昭隆街10号购有一幢三层楼的物业，主要作为办事处及货仓之用。

1935年，冯栢燎派冯汉柱前往香港筹建新公司。冯汉柱在中

---

① 吴醒濂：《香港华人名人史略》，47页，香港，香港五洲书局，1937。

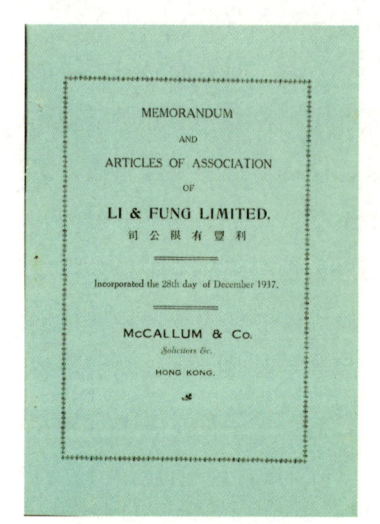

利丰有限公司于 1937 年 12 月 28 日在香港成立

环皇后大道中 9 号的公主行八楼租下全层 1/3 面积，作为新公司的办事处新址。冯汉柱到香港后又为利丰购入中环干诺道中 18—20 号的三幢四层楼高楼宇，位置正对着德忌利士码头，与中环核心商业街区毕打街仅距离 100 多米远。根据战前的法律，利丰由于购入三幢物业，可以全权使用该码头设施。1938 年 10 月，广州沦陷，利丰在广州的总部无法继续营业，一切业务便转由香港利丰分公司代理。

1937 年，利丰正式在香港注册为有限公司——利丰有限公司（1992 年 5 月 21 日改名为利丰（1937）有限公司，其后于 2012 年 7 月 9 日改为冯氏控股（1937）有限公司），由冯汉柱出任公司经理。当时，香港利丰共有十多个职员，部分是自愿从广州跟过来的老伙计，部分是在香港招聘的新员工。随着利丰业务重心的转移，冯柏燎一家也从广州移居香港，初期就住在中环干诺道中 18—20 号的自购物业。新公司成立之初，得到了香港万国宝通银行（即花旗银行）的鼎力支持，能够顺利融通资金。该银行自利丰创办以来，一直与利丰保持着密切的商业联系。

在香港初期，利丰仍主要从事进出口业务，在香港收购竹器、藤器及酸枝家具，与怡和洋行、天祥洋行等外资公司做生意。这一时期，冯汉柱的商业才能得到了充分的发挥，他筹谋有方，经营得法，香港利丰很快便走上业务轨道。1939年，第二次世界大战爆发，德国军队切断了对英国、澳大利亚及北美地区的货物供应。时局反而促进了香港不少商行的发展，利丰也是其中一家。当时，香港的外销畅旺，尤其是以输往英国的港制手电筒成为最畅销货品之一。战时英国因经常受到敌机空袭，需要实施灯火管制，停电的情况非常普遍，对手电筒的需求极为殷切。利丰除了向各大电筒厂大量购销外，还专门在香港开设了一家制造工厂——域多利电筒制造有限公司（The Victoria Torch Manufacturing Co. Ltd.）。域多利电筒厂虽然规模较大，日夜赶工，生产数以百万计的压缩金属电筒外壳，但仍无法满足英国客户的需求。为确保产品能够打进英国市场，利丰特地订购加拿大、英国的铁板和黄铜片，并取得香港政府发给该货输英的进口特惠税证件，免除销英进口税。这一役，利丰赚取了一笔可观的利润，奠定利丰香港分行溢利的基础，并利用部分溢利投资于香港地产。①

域多利电筒有限公司手电筒

1941年12月26日，日本占领香港。在香港沦陷的三年零

---

① 参见"Li & Fung—A Successful Family Enterprise", Li & Fung Limited for 75 years of Hong Kong's success, Li & Fung Limited, 1981, pp. 12 - 13。

八个月期间，香港大部分公司、商行的生意陷于瘫痪，利丰也不例外。冯柏燎因为拒绝与日本人合作，生意无法再维持下去，域多利电筒厂被迫宣告结业，该厂全部机器设备均被占领军征用。冯柏燎一家唯有变卖珠宝、产业维持生计。1943年，广州日军占领当局宣布，华侨必须返穗缴纳物业税，冯柏燎遂向香港日本军政府申请回广州重新登记他的房地产以及缴交物业税，获得了批准。他回到阔别多年的广州，巡视在六二三路的利丰物业，然而他看到的却是颓垣断壁、一片废墟，眼看一生事业毁于此，难免触景伤情。这时，冯柏燎已步入老年，患有高血压，旅途劳累加上情绪激动，突然得了中风，不幸于4月15日病逝。

冯柏燎是香港乃至中国早期行商的佼佼者，他在青少年时即接受西方先进文化的教育，精通英语，由于经常到欧美考察，是香港商人中最早与国际接轨、具有国际视野的先驱。他抱着满腔热情试图以商业救国，可惜生不逢时，遇到的是国内连年战乱、外国侵略。他一生最重要的贡献，是创办利丰，为利丰奠定百年基业。1937年出版的《香港华人名人史略》对冯柏燎有极高的评价：

> 冯先生柏燎，字耀卿。……生而岐嶷，少有大志。尝慨我国商战不竞，基于故步自封，倘弗急起直追，将受天演淘汰。乃蓄念以商业救国。适学成而广州宝兴瓷庄器其材，延主出口部事，时公元一九零四年也。越二年，先生念宝兴仅营瓷器一业，未足以应外人需求，乃与李君道明另组利丰号，以承其乏，营谋大纲，注重杂货出口。十二年间，仅略展其长，仍局促如辕下驹，未克逞其身手，驰骋于世界市

场,窃以为憾。迨民四,即一九一五年,美国三藩市巴拿马世界博览会开幕。先生充我国粤省出品委员,既沐美雨,复栉欧风,从而接近各地厂商,用谋归国发展,果能如愿以偿,侪于今日地位。

民六,即一九一七年,彼为扩张海外营业起见,乃分设支号于香岛。业务进展,更一日千里。抑先生不徒懋迁有术,而眼光与思想,均属超人一等。观其能改良杂货中之竹器、藤器、草器等,以博取优厚之代价,从而嘉惠桑梓,使贫苦工人,得免失业。此诚我国杰出之材也。先生个性喜远行,几度横过太平洋。今虽非少壮韶华,犹偕长男仆仆长征,远游欧美各国。则其志趣之异乎人,已可想见。①

■ 战后的重组与发展

1945年8月15日,日本宣布无条件投降。冯汉柱在日军投降后的第二天,迅速赶回香港重掌利丰的产业,在中环干诺道中18号的临时办事处恢复业务。1946年,香港政局渐趋稳定,私营机构开始复业,大批移民涌入香港,经济逐步繁荣起来。冯汉柱继续在港岛中环租用公主行为写字楼,作为利丰总行办事处;而广州总行则改为利丰分行,亦相继复业,并由冯慕英、李冯丽华负责。利丰的业务逐渐恢复,它除了经营出口之外,也做点进口生意。

当时,利丰最重要的业务是输入一种香港从来没有过的新产

---

① 吴醒濂:《香港华人名人史略》,47页,香港,香港五洲书局,1937。

品——原子笔。原子笔是美国公司在第二次世界大战末期发明创造的一种新笔，后来被证明是一项极有新意并迅速获得成功的产品。太平洋战争一经结束，利丰就立即将这一产品空运来港销售，成为全香港出售原子笔的第一家商号。利丰将这一新产品命名为"原子笔"，使人们联想到结束第二次世界大战的原子弹，取原子弹代表先进科技的意思，一时间在市场上大受欢迎。利丰看准产品的市场前景，安排泛美航班的大型飞机，多次输入数以万计的原子笔。这批商品为利丰带来了可观的利润。

由利丰命名的"原子笔"在艺术家笔下的形象。利丰是战后香港输入原子笔的入口商。原子笔已被证实是一项极有新意并且迅速获得成功的产品

　　1946年，利丰重组公司管理层，冯柏燎的两个儿子——冯慕英和冯汉柱，出任公司常务董事长，其中，冯慕英负责公司的财政和管理，冯汉柱负责货品来源及销售，李冯丽华出任公司执行董事，负责会计及人事工作。公司在重组管理层初期，遇到了严重困难。利丰的另一主要股东李道明，在冯柏燎逝世后，不愿再与利丰继续保持关系。1946年10月1日，李道明将所持的利丰有限公司300股股份出售给冯氏家庭成员，并签署文件。李道明在战后初期匆忙出售利丰股份，诚为可惜。这不仅使他放弃了一宗大有前景的生意，也宣告了冯、李两家长达40年的深厚商业合作关系结束。

一、早期发展：利丰的"海上丝绸之路"

利丰第二代掌舵人——冯栢燎次子冯慕英（左）、三子冯汉柱（中）、四女冯丽华（右）

1949年，利丰广州分行结业，冯慕英、李冯丽华以及广州利丰的全体员工来到香港，加入香港利丰公司。当时，香港利丰已发展成为一家有数十名职员的贸易公司，在中环皇后大道中公主行租有三层写字楼，在九龙有几个货仓，主要经营竹器、藤器家具、中国土特产品如象牙、爆竹等，主要卖给美国，货源则大多来自香港本地，生意比广州时期还要好。利丰出口的藤造家具制作精美，据利丰后来在创办75周年纪念特刊中的《缅怀往事》一文所回忆："战后英国查尔斯王子及安妮公主先后出生，因当时利丰藤造家具制作精巧，产品极享盛名，香港政府更征求我们的同意，特制精美的儿童藤椅两张空运伦敦，呈献英国皇室，曾蒙英女皇来函致谢，此是本公司的一种殊荣，值得我们欣幸和纪念。"[1]

1950年朝鲜战争爆发后，以美国为首的联合国对中国实施贸易禁运，香港的转口贸易一落千丈。幸而，这一时期香港孕育了

---

[1] "Anecdotes", Li & Fung Limited for 75 years of Hong Kong's success, 1982, p. 17.

1952年利丰出口的两张小型藤椅被选送到白金汉宫，供查尔斯王子及安妮公主专用，图为英王室的感谢函件

工业化的基础，大批实业家从上海及中国其他工商业城市移居香港，带来了发展工业所必需的资金、技术、设备，以及与国际市场的联系，在香港建立起最初的工业——纺织业及制衣业。面对香港经济的转型，利丰调整经营方针，将业务重点从转口贸易转向本地出口，积极参与工业化进程。当时，利丰经营的本地出口产品，包括塑料花、藤器木器、烟花爆竹、成衣及玩具、电子产品等。塑料花制造一度成为仅次于纺织业的第二大工业。利丰向当地厂家大量采购塑料花产品出口海外。塑料花行业全盛时期，利丰曾在观塘设立一家工厂，名为"伟大实业有限公司"（Wai Dai Industries Ltd.），由冯慕英管理。伟大实业是一家半自动化的工厂，有几百名雇员，多数是从大陆移民香港的工人。伟大实业除了自己加工生产以外，还以按件计酬的方式外发加工，将塑料花瓣派发给各个家庭，由家庭主妇、儿童制成塑料花成品，为数以千计的人提供了就业机会。

利丰也继续经营藤器家具等传统产品，不过不再从内地转口，而是直接在香港收购，部分甚至自己生产。20世纪50年

一、早期发展：利丰的"海上丝绸之路"

代，利丰成为香港藤器制品的主要出口商，公司每天需要发送数量高达1 000～2 000件藤制家具。利丰聘请了很多从内地来港的藤器工匠，但仍无法满足需求，便将部分订单分发给众多的家庭式工厂制造。利丰还将业务拓展到木器制造，包括沙拉盘和餐具。利丰在观塘工业区兴建了两幢多层工业楼宇，用来生产塑料花和木器制品。利丰曾经营过好几家工厂，但随着业务的不断发展，没有一家工厂能够提供公司所需的全部货源。利丰便最终转向采购代理，向香港不同厂商购货，以合理价格为客户提供采购服务。

20世纪60年代，利丰经营的众多产品中，最重要的还是纺织品。当时，上海大批企业家移居香港，其中相当多的一部分人从事纺织业。利丰把握机会，全力经营纺织品及成衣的出口贸易。利丰的高层管理人员，虽然大都是广东人，但却能够克服语言障碍，他们能说些上海话、普通话，加上英语和广东话，能够与上海实业家打交道，因而在经营纺织品出口方面取得了卓越的成绩，拥有大量的纺织品配额，成为香港成衣最大的出口商之一。冯汉柱的次子冯国纶就表示："60年代中期，利丰的成衣生意越做越大，在成衣出口行中数一数二。"这一时期，无论是在制造或是在出口方面，纺织品及成衣都成为利丰利润最丰厚的生意，占香港出口货品的四成半甚至五成以上。这一时期，利丰的海外客户多达数百家，采购网络遍及香港超过1 000家制造工厂，它的业务获得长足的发展。据统计，1969年，利丰的营业额为7 100万港元，到1973年已增长到1.89亿港元，年均增长率高达28%。

冯氏大厦利丰的样品陈列室

二、现代化与专业化

20世纪60年代后期,香港经济起飞,工业化进程接近完成,除了纺织、制衣继续发展外,电子、玩具、塑料及钟表业等均发展迅速,旅游、房地产、金融及商业服务等服务业亦开始勃兴。大批在经济起飞中成长起来的香港公司,都计划将股票上市以筹集资金。与此同时,1969年以后,为适应新兴公司上市的殷切需求,远东交易所、金银证券交易所和九龙证券交易所相继开办,形成香港"四会并存"局面。香港股票市场迎来战后第一次繁荣高潮。1972年,香港股市交投炽热,全年成交总额达433.97亿元,相当于1971年的三倍。

这一时期,大批华资公司在香港挂牌上市。1973年,在冯国经、冯国纶等冯氏第三代的积极推动下,利丰把握机遇成功上市,并借此实现从一家传统家族商号向现代股份上市公司的转型。与此同时,配合着宏观商贸环境的演变,利丰逐渐从采购贸易的传统中间商转型为生产计划的管理者和实施者、地区性采购公司。

■ 利丰第一次上市：迈向现代化经营管理

20世纪70年代初，在利丰公司管理层中，冯慕英担任董事局主席兼董事总经理，冯汉柱出任董事总经理。冯慕英主内，掌理财务；冯汉柱主外，负责一切贸易事务，并兼任多种香港社会公职。由于冯慕英健康状况欠佳，他将主要工作交给冯汉柱。冯汉柱于60年代被港督戴麟趾委任为立法局议员，他需要代表商界向政府提供有建设性的建议，大部分时间都花在香港立法局及市政局工作上。冯慕英和冯汉柱都希望儿子们能继续接力发展家族事业，并借助他们在美国学到的先进管理知识，推动公司现代化。

冯氏家族第三代中，最早加入利丰的是冯慕英的儿子冯国康、冯国础兄弟，以及李冯丽华的儿子李永康，冯汉柱的儿子冯国经和冯国纶兄弟亦于稍后加入利丰。他们后来都出任公司的部

利丰第三代——冯汉柱的儿子冯国经（右）、冯国纶（左）兄弟

门经理或董事，成为利丰的业务骨干。冯氏家族第三代的加入，为公司发展带来新的理念和动力，并使利丰的业务顺利过渡到家族的第三代手中。冯国康早在1957年已加入利丰，他主要负责采购塑料花业务，后来亦负责做杂货及爆竹等业务。冯国础早年就读香港圣士提反英文中学，后赴美国入读纽约著名的医科大学约翰·霍普金斯大学，学习生物化学专业。1971年，冯慕英患上肺功能衰退症，需要经常在家卧床吸氧。冯国础中断学业赶返香港陪伴父亲，并加入利丰做事。当时，利丰已具备一定规模，在中环冯氏大厦占用四层楼（每层约460多平方米），员工有100多人，主要业务是采购成衣、杂货、玩具。公司内部分成几个小组或部门，除杂货部外，成衣分成两个部门，分别是男装部和女装部。

冯国础后来回忆说："我加入时，利丰仍然是一家十分家族化的公司，父亲、三叔及四姑姐都是公司董事，负责处理公司大小事务。大家一起上班，一起回家，在公司和家庭里都是同一班人。"那个年代，香港做生意盛行收取回佣。冯国础经常与公司伙计去工厂验货，伙计常常抢在前面先收回佣。有一次，他走得快，同去的伙计来不及告诉厂方他的"太子爷"身份，工厂老板向他"塞钱"，令双方很尴尬。冯国础严词批评工厂老板，但那老板说："现在做生意竞争激烈，我不给你的伙计回佣，别的厂家就会给，我就没有生意，你说我应该怎么办？"有一次，有的伙计收回佣收得太厉害，引起厂方不满，冯国础出面整顿，结果有15个伙计以辞职抗议。冯国础认为，公司办事制度确实需要改革。

继冯国础之后，冯汉柱的两个儿子冯国经、冯国纶兄弟也先后加入了利丰。1972年6月,冯国纶在美国哈佛大学完成学业,原想留在美国工作。当时,冯汉柱年事渐高,事务繁忙,他希望儿子能够学成回来协助发展家族生意。冯国纶决定放弃在美国工作的机会,返回香港加入利丰。冯汉柱对冯国纶说:"你在美国学到那么多工商管理的先进知识,可以运用这些知识考察一下利丰,看看公司存在什么问题,有哪些地方需要改进。"冯汉柱虽然是中国旧式商人,但极具革新求变观念。他在晚年接受记者访问时表示:"现在讲求专业化,利丰雇用协助业务的得力助手很多都是美国留学回来的。时代不同了,不能不跟时代变。"

1972年9月,冯国纶加入利丰,出任利丰纺织部门经理。1973年,已取得哈佛大学博士学位,并于哈佛大学担任助教的兄长冯国经从美国返回香港。冯氏兄弟随即运用从美国高等学府学习到的西方先进管理理论,对利丰进行了一次哈佛案例式的研究。他们发现公司存在不少弊端。当时,利丰的业务,即作为海外经销商与香港制造商之间的中介人的角色几乎没有变化,公司的家族管理结构和模式几乎保持原样。公司内部结构也缺乏有系统的组织,无法保证高效率的工作和完善的管理;所有部门都缺乏计划及财政预算,会计部门的工作只是列出公司的销售额,提供盈亏数字;整个企业严重缺乏专业人士及经验丰富的管理人才。

冯汉柱回忆说:"既然发现了问题所在,国经和国纶随即着手策划解决的方法,推行改革。最初的一项转变,就是强调各个部门制定目标的重要性。会计部需要进一步提供充足的数据、销售报告、部门存利和每月报告,以便让部门经理评核各个部门的表现,如有错误便及时纠正。部门财政预算更不可缺少,预算能

二、现代化与专业化

帮助七个产品组评估其销售量、盈利情况、人事需求和成本控制,并让他们明了自身在公司整体运作中所扮演的角色。公司对职员的薪酬、晋升机会及培训等方面也开始更加重视,并做出更有系统的调整,以求有更高的效率。为提高职员素质,利丰吸收了一批高学历、受过良好训练的职员。这些改革的实施历时两年,将利丰推向新的发展阶段。"①

冯国经、冯国纶兄弟认为,利丰如果要从一家传统的家族公司成功发展为现代化企业,迎接未来的挑战,最重要及唯一的途径就是上市。冯国纶对父亲冯汉柱说:"如果你想这家公司继续繁荣下去,你就应该将所有权和经营权分离,而要做到这一步,必须使公司成为一家公众上市公司。"为此,冯氏家族成员召开了内部家庭会议,讨论冯国经、冯国纶兄弟的上市建议。当时,部分家族成员反对上市,但上市建议得到作为董事局主席冯慕英和董事总经理冯汉柱的支持。冯氏家族中不少成员也欢迎利丰上市的决定,这样他们可以作为优先股股东取得红利,可以通过持有股份定期收取股息,但不再参与企业的管理。② 会议决定利丰立即筹备上市事宜。

当时,香港股市进入战后以来少有的大牛市时期。冯国经、冯国纶兄弟觉得机不可失。1972 年 12 月 30 日,利丰通过非常决议,决定增设 99.5 万股,每股价值 100 港元,使公司法定股本从 1937 年注册时的 50 万港元(分 5 000 股,每股 100 港元)增加到 1 亿港元(分 100 万股,每股 100 港元)。翌日,利丰通过决议,将公司

---

① Robin Hutcheon, *A Burst of Crackers*: *The Li & Fung Story*, Li & Fung Limited, 1991, pp. 50 – 51.
② 参见招艳颜:《九十年、三代人》,载《资本家》,1996 (2)。

的 2 500 股已发行股本分拆为 25 万股,即将每股份拆为 100 股,每股 1 港元。同时,从公司资本储备金中拨出 4 775 万港元,从损益账中拨出 600 万港元,合计 5 375 万港元,作为 5 375 万股股份的全部股款,并将这批股份按比例分配给原有的股东,使利丰已发行股本从 25 万股增加到 5 400 万股,每股价值 1 港元。①

1973 年 3 月,利丰有限公司对公司架构进行重组,将属下的贸易、地产、财务等业务分别重组成六家附属公司,包括利丰贸易有限公司、利丰(台湾)有限公司、利丰(新加坡)有限公司、利丰(澳门)有限公司、利丰置业有限公司和利丰财务投资有限公司。当时,利丰有限公司及其附属公司拥有员工 150 余人,拥有资产净值约 5 600 万港元,包括香港物业价值约 5 165 万港元,主要是位于中环干诺道中的冯氏大厦及山顶马己仙峡道的港景别墅。

利丰于 1973 年 4 月上市时发行了 1 350 万股,但申请数额创下了惊人的纪录,超出发行数量 113 倍,足见公众对利丰的重视

1973 年 3 月 27 日,利丰发出招股章程,股票包销商是著名的宝源投资、获多利及亚太贸易资金有限公司。根据招股章程,利丰向公众发售 1 350 万旧股,占公司股权的 25%,发售价为每

---

① 参见《利丰有限公司招股章程》,13 页,1973 年 3 月 27 日。

股1.65港元。据利丰董事局估计，招股价的市盈率为13.2倍，收益利率为6.06%，盈利股息率为1.25倍。利丰的招股引起空前的轰动，大批市民纷纷前往认购，反应热烈。到4月3日截止申请日期，利丰获得113倍的超额认购，冻结银行资金23.08亿港元。这在当时成为一项惊人纪录，这一纪录后来保持了14年之久。1973年4月17日，利丰挂牌上市。利丰上市后，冯氏家族持有利丰的股权，从发售前的99.92%减至74.92%。

利丰上市前后，即着手建立新的现代化经营管理制度，包括成立新董事局、筹组专业化的管理班子。新董事局中，冯氏家族有三位成员，分别是冯慕英、冯汉柱及李冯丽华，冯慕英出任主席兼董事总经理，冯汉柱出任董事总经理。李冯丽华自1945年起已加入利丰董事局，并一直任执行董事。1975年2月4日，冯慕英病逝，由冯汉柱兼任董事局主席及董事总经理。同年4月，冯汉兴加入董事局，填补冯慕英逝世后冯氏家族所留下的空缺。冯氏家族核心成员主导利丰的发展。

70年代中期以后，冯汉柱逐渐退居幕后，利丰的实际行政管理工作转由冯国经和冯国纶负责。1977年，冯国经被委任为利丰（贸易）有限公司董事总经理。1981年，冯国经加入利丰董事局，接替冯汉柱出任公司董事总经理。1975年，冯国纶被委任为利丰（贸易）有限公司、利丰置业有限公司和利丰财务投资有限公司等三间主要附属公司董事。1986年，冯国纶接替冯国经出任利丰董事总经理，兼任行政总裁。随着冯国经、冯国纶兄弟的接任，利丰的管理权顺利从冯氏家族第二代转移到第三代手中。

上市后，利丰逐渐建立起专业化的管理层。在公司行政架构中，除了利丰董事总经理冯国经、利丰置业董事总经理冯国纶兄弟外，还有利丰贸易杂货部经理冯国康、利丰贸易成衣部经理周永康及张江静怡、利丰贸易玩具及文具部经理陈浚霖（当时名为陈吉立）、利丰置业董事李永康、利信经理关绮雪、利佳成衣董事总经理许功化、名高集运董事总经理顾安琦、环宇贸易董事总经理刘启昆、利丰财务经理刘不凡、利丰（台湾）董事总经理高国胜等。① 利丰新一代高级行政人员均受过专业或大学教育。受过西方工商管理教育的新一代企业经理的接任，令利丰这一传统的家族商号，进入了一个锐意开拓的新时期。

通过公司上市，利丰发生了静悄悄的革命：公司管理制度从老板一人说了算的旧式商号模式（One Boss/Employees System）逐渐转变为实施现代经理负责制度（Proper Management Hierarchy）的股份制公众上市公司。公司员工结构也发生变化：公司上市前，利丰员工全部没有大学学历，但到1978年，利丰120名职员中已有约20位大学毕业生，企业经理层均受过专业或大学教育，具有先进的工商管理知识。②

■ 私有化：转向专业化经营

20世纪80年代初，香港前途问题逐渐浮现。1982年9月，英国首相撒切尔夫人访问北京，会见了中国领导人邓小平。会议上，撒切尔夫人提出香港前途问题，但她的以主权换治权的建议，遭到

---

① 参见《利丰有限公司庆祝75周年纪念——一间成长之家族企业》，载《华侨日报》，1982-06-18。

② 参见"The Rules Must Change"，*Hong Kong Trader*，Volume 2，1978，p.7。

了邓小平断然拒绝。会议结束后，撒切尔夫人步下人民大会堂台阶时"戏剧性地"失足摔倒。消息传出，疲惫不堪的香港股市、楼市应声下跌。随后，中国政府宣布将于1997年收回香港，根据"一国两制"的方针解决香港问题。香港问题迅速表面化。

从1983年7月起，中英双方就香港问题展开长达22轮的艰苦谈判。其间，谈判一度陷入僵局，触发了空前的港元危机。1984年12月9日，撒切尔夫人在北京与中国总理赵紫阳签订关于香港前途问题的《联合声明》，宣布英国政府将于1997年7月1日将香港交还中国，中国政府将对香港恢复行使主权，并根据"一国两制"的方针，在香港设立特别行政区，实行"港人治港"、"高度自治"，维持香港原有社会经济制度和生活方式50年不变。自此，香港步入"九七"回归的过渡时期。

这一历史性的转变，无疑对长期处于英国管治下的香港社会造成巨大震撼。香港社会各阶层、各界别难免会随着时局的变动而有不同的心态和考虑，利丰大股东冯氏家族亦不例外。当时，家族中年老的股东，如冯汉柱已年届70岁，正考虑家族事业的接班问题；有的股东则对香港地位的转变产生了担忧、恐惧，希望将手中所持的股票抛售套现，移民海外；另外部分股东早已成为专业人士，他们也不想继续经营家族生意。不过，作为利丰管理层的冯国经、冯国纶兄弟却有不同看法，他们认为中国正在逐步开放，香港正是从事对外贸易的黄金时期，可以以中国内地为腹地拓展国际商贸业务。

冯国经、冯国纶兄弟决定对利丰展开全面收购，以取得公司的控制权。1988年10月10日，利丰宣布将向公司全体股东提出全面收购建议，使利丰成为经纶公司的全资附属公司。经纶有限公司（King Lun Holdings Limited）在英国维尔京群岛注册成立，已发行股本由冯国经和冯国纶兄弟实质拥有，各占50％股权。经纶有限公司以每股8.50港元现金价格，向利丰全体股东收购其所拥有利丰已发行及已缴足的全部5 400万股股份。收购完成后，利丰有限公司取消在香港的上市地位，成为经纶有限公司的全资附属公司。1988年10月9日，即最初宣布进行有关磋商前股份的最后交易日，利丰的最后成交价为每股5.05港元，即收购价格比市场价格有68.3％的溢价，市盈率为20.7倍。而在此之前六个月利丰的最高价及最低价分别为6.30港元及4.75港元。当时，利丰每股综合资产净值为5.14港元，收购价亦有65.4％的溢价。

1988年12月7日，由香港法庭指令的利丰公众股东大会和利丰股东特别大会先后召开，决议接受管理层收购。1989年1月，收购行动完成。冯氏兄弟策动的这次收购行动可以说开创了香港公司管理层收购的先河，是一次成功的"杠杆式收购"（Leveraged Buy-out）。当时，有评论指出："冯氏兄弟能利用崭新的财技，解决了向来困扰华人家族事业业权与管理权纠缠不清的这个老大难问题。这可以说是华人家族新生代借助西方学来的管理学识来更新古老家族事业的典例，姑且勿论这次管理层收购是否真的如冯国经口中所说的那样和谐地完成，但手法干净利落，环顾地区内华人商界众多家族事业此起彼伏地为传承问题而危机四起，利丰的现代化实在是个突出的成功个案。"[①]

利丰私有化后，冯国经、冯国纶兄弟成为公司的最大股东及

---

① 招艳颜：《九十年、三代人》，载《资本家》，1996（2）。

管理层的最高决策者,包括冯汉柱在内的其他全体冯氏家族成员,均退出利丰管理层。冯国经、冯国纶兄弟策动利丰私有化的一个重要原因,就是要取得公司控制性股权,以专业化原则重组公司业务。冯国纶曾在美国高盛组织的一个基金经理会议上表示:"当时,我们阅读了所有有关书籍,如《追求卓越》(*In Search of Excellence*),我们知道我们必须全力以赴做好我们的本业。在私有化之前,利丰就像一家小怡和集团,我们无处不在……我们搞地产、办保险,我们有庞大的运输队伍在日本和印度尼西亚之间来往运输木材。私有化之后,所有这些非核心业务要么纳入私营公司,要么被卖掉。我们只致力于两种业务:第一种是我们的传统贸易业务,即为欧美公司组织货源;第二种是零售业。"

1988 年,利丰通过全面收购股份进行私有化

■ 利丰供应链管理的起源与发展

战后至 70 年代，曾在香港经济中占有重要地位的洋行，经历了深刻的变化。在转口贸易时期，洋行的地位极其崇高，几乎操纵了香港的整个转口贸易。然而，50 年代以后，随着朝鲜战争爆发，联合国对中国实施贸易禁运，香港的转口贸易骤然萎缩、一落千丈，洋行的地位开始动摇，大批实力薄弱的洋行遭到淘汰。幸而 50—60 年代，香港工业化起步，洋行开始将业务重心从转口贸易转到进出口贸易上。当时，从事制造业的华人企业家，一方面因为资本有限，另一方面因为对国际市场的认识和联系有限，只有向洋行接入订单、购入原材料，并将产品委托洋行转销海外，故洋行的地位仍然得以维持。到了 70 年代以后，香港的工业家实力逐渐壮大，成立本身的出口部，直接向外国买家报价，以免中介人抽佣，洋行的地位至此迅速下降。[①] 在激烈的竞争中，许多在香港有近百年及百年以上悠久历史的洋行和大公司，由于不能适应形势的转变而被收购兼并，包括著名的仁记洋行、太平洋行、天祥洋行、惠得宝洋行、连卡佛、屈臣氏、均益仓、黄埔船坞等。在激烈的收购兼并中，数家实力雄厚的洋行脱颖而出，逐渐发展成为垄断香港经济命脉的综合性企业集团，其中最著名的就是号称"英资四大洋行"的怡和、太古、和记黄埔和会德丰。

---

① 参见欧阳美仪：《英之杰集团如何掌握这个市场》，载《信报财经月刊》，第 2 卷第 8 期。

二、现代化与专业化

面对洋行和贸易公司中介地位的衰落，利丰急谋对策。在冯栢燎和冯汉柱时代，利丰基本扮演贸易中间商的角色，但是，随着作为买方的客户和作为供货商的厂商的影响力迅速扩大，公司的生存空间日益缩小，所收取的佣金也从早期的15％逐渐减少到10％、5％，甚至3％。冯国经回忆说："1976年，当我结束在哈佛商学院的教书生涯回到香港时，我的朋友曾警告我说，像利丰这样的采购代理商将会在十年内消失，他们都认为'采购代理是夕阳产业'。"[①] 这一时期，利丰亦经历了类似的危机。1975年，利丰失去美国最大一家客户C&A，导致当年营业额大幅下跌。

为应对行业危机，利丰开始转型，从单纯的中间商逐步转型为"生产计划的管理者和实施者"，其经营业务亦从单纯的采购代理向供应链的上、下游服务延伸。冯国经解释说："在原有模式操作中，客户会说：'这是我们需要的商品，请到最好的地方帮我购买。'而新的模式则是这样运作的：我们四大客户之一的The Limited公司对我们说：'在下一季度，我们所想要的就是这种外形、颜色和质量的产品，你能提供一个生产计划吗？'"根据客户设计师的草图，我们会进行市场调查，寻找合适的纱并对样品布料进行染色，以达到与客户要求的颜色相一致。然后，我们会根据产品构思生产出样品。买家看过样品后会说：'我不太喜欢那种样品，我喜欢这种，你能生产多些这种样品吗？'接下来，我们会为整季产品制定完整的生产计划，具体说明产品结构和生产时间表，我们会和所有原材料供货商和工厂签订合约，然后，

---

① Joan Magretta, "Fast, Global, and Entrepreneurial: Supply Chain Management, Hong Kong Style: An Interview with Victor Fung", *Harvard Business Review*, September-October 1998, pp. 102–114.

我们会策划和监督工厂的生产，以确保质量和准时交付。"①

为配合转型，1989 年，利丰重组了公司的组织架构，将出口贸易业务按产品组别分别管理，这些产品组别包括纺织品（美国）、纺织品（美国以外）、时尚配饰、塑料品、运动用品及手工艺品。除运动用品组别设于台湾外，其他所有产品组别都设于香港。各产品组别均管辖多个部门，每个产品组别及部门分别由产品组别经理及部门经理管理。利丰还将出口贸易业务，包括购货、采购、航运及质量控制等，全部下放由各产品组别辖下的各个部门负责执行，只将诸如财务、会计、管理信息系统以及人事管理等工作，集中在公司总部进行。在这种制度下，各个产品组别均以独立的盈利中心方式运作，产品组别及部门经理均享有高度自主权。②

这样，利丰确立了"顾客主导"（Customer Oriented）的公司营运架构，围绕着主要客户建立产品销售小组，并致力于拓展采购贸易的上下游业务。每一个产品小组都针对特定客户提供全面的顾问服务，为这些客户寻找适合的厂家，并担当这些厂家的咨询顾问角色，包括向厂家提供更多的市场信息、新的生产程序和新的产品线，甚至为厂家提供新的产品理念、进行产品质量控制、提供资金援助等等。正如冯国经所说，利丰开始"介入整个生产过程的前端和后端"。在前端，"我们做市场、设计和管理"；在后端，"我们做检测、包装和运输"。这种转变取得了明显的效

---

① Joan Magretta, "Fast, Global, and Entrepreneurial: Supply Chain Management, Hong Kong Style: An Interview with Victor Fung", *Harvard Business Review*, September-October 1998, pp. 102–114.

② 参见《利丰有限公司配售新股及公开售股章程》，12~13 页，1992。

益。利丰在行内的声誉越来越高，客户越来越多，多家美国大型连锁店集团，包括 The Gap Stores Inc.、Lewis Galoob 等成为利丰的主要客户。

随着海外买家与亚洲地区制造商之间的联系日趋紧密，以及对市场认识的加深，利丰认识到，需要改变或深化公司贸易业务的基本性质，以适应客户的需求和市场的转变。1989 年私有化以后，利丰除继续担任海外买家的制成品采购代理的传统角色外，还积极拓展一系列的额外服务，即将其所经营的供应链延长。这些服务包括：

- 提供产品设计、策划及管理生产程序，将客户的构思变为可行的生产计划；
- 采购生产用原料及零件；
- 向制造商提供有关市场趋势最新发展的数据及技术知识，以及向买家提供有关远东生产力的资料；
- 资助经挑选的中小型厂家，提供短期融资作为批出订单的营运资金；
- 担任客户与制造商之间的沟通桥梁，确保制造商明了客户的产品规格；
- 提供生产及质量控制，确保准时付运产品及符合客户的规格。

利丰的采购网络原以香港地区为主。20 世纪 80 年代以来，香港的制造商将生产工序转移到中国内地及东南亚诸国，利丰的采购网络亦随着产品制造工序的转移而逐步扩大。到 90 年代初，利丰在东南亚诸国及中国内地已建立起一个区域性采购网络，在香港、台湾、泰国、菲律宾、马来西亚、新加坡、印度尼西亚、韩国,以及上海、深圳、湛江等地设有办事处,向区域内超过900家制造商采购各类出口产品。公司主要的采购中心分别是香港、内地及韩国,1991年度分别占公司出口贸易业务总成本的48%、29%和16%。利丰的采购网络使它得以利用这一地区工业迅速增长的优势,为客户物色适当的生产及原料供应来源。海外办事处的业务由个别产品组别统筹协调,以便根据价格、质量、付运时间及原料供应等多项因素决定理想的产品来源。

　　这一时期,利丰作为香港一家举足轻重的企业,逐渐进入香港商界、社会各界的视野。当时,就有评论表示:"冯氏家族的利丰不像本地许多著名的地产投资大企业般,以不断制造惊人的交易,成为大众茶余饭后聊天的话题;它更不像那些专注于一两种高档货,以'名牌'在公众中留下深刻印象的企业;它不是英之杰、太古集团一类规模庞大、背后有英国人做靠山的本地洋行。冯氏家族的利丰是百分百的华资家族企业生意,一向只是默默耕耘,年复一年地把大大小小手头接触到的经营一点一滴地聚汇于利丰的名下,一根炮仗、一只藤篮、一支原子笔、一条牛仔裤……他们85年的经营,就这样由广州洋人地头毗邻的一个铺位,发展成为今天接触面广阔的集团,在多个太平洋地区的国家设有办事处。利丰在干什么?一向只有出入口贸易行的人才熟悉,但细想之下,从前的冯氏大厦及他们现在的利丰大厦,又早已矗立于本地,标志着他们的发展。"①

---

　　① 何文翔:《冯汉柱家族发迹史》,载《资本杂志》,1992(2)。

三、冯汉柱与黑猫牌烟花

20世纪70年代中期以后,随着冯国经、冯国纶兄弟逐渐在利丰经营业务中崭露头角,再加上冯汉柱的社会公益事务日渐繁忙,冯汉柱在公司业务发展方面逐渐退居幕后,专注于他喜爱的传统商品,特别是烟花、爆竹等产品的出口业务。

在利丰开拓的"海上丝绸之路"中,烟花、爆竹一直扮演着重要的角色。在利丰110年的发展史上,经营的产品可谓无数,其中,最悠久、最有代表性的当属黑猫牌烟花、爆竹。利丰经营的烟花从广州开始,以香港为转口港,其在内地的采购、生产基地就曾深入到广州湾、澳门、广西的合浦和北海、湖南、江西,以及华东地区的上海等沿海及内陆地区,而它的销售客户则遍及美国主要城市、英国及欧洲大陆。110年来,通过利丰艰苦卓绝的商贸之旅,通过利丰搭建的全球性采购、分销网络,中国内地与欧美等海外市场建立了一条源远流长的"海上丝绸之路"。

黑猫牌:架起全球商贸的桥梁

利丰经营烟花、爆竹的历史可追溯到公司创办初期。爆竹起源于古代的爆竹，又叫"爆仗"、"炮仗"，唐代时写作"爆竿"，南方各地又称之为"纸炮"、"响炮"、"鞭炮"等。爆竹的起源很早，至今已有两千多年的历史。南朝梁代宗懔的《荆楚岁时记》记载："正月一日，鸡鸣而起。先于庭前爆竹，以避山臊恶鬼。"爆竹"驱邪"迎新岁，逐渐成为中国人一项传统的风俗习惯。北宋政治家王安石在诗《元日》中写道："爆竹声中一岁除，春风送暖入屠苏。千门万户曈曈日，总把新桃换旧符。"可见，爆竹在国人心目中的重要地位。由爆竹演变的烟花，由于绚丽多彩，令人憧憬无限美好的情景，故在西方社会特别是美国及英国等国家广受欢迎，一般用于举办各种类型的大小烟花晚会。

利丰在创办初期，就发现这项产品的出口潜力。1907年，即利丰创办的翌年，公司就开始从事烟花、爆竹的出口生意。当时，省港澳的烟花、爆竹的出口业务相当发达，香港曾出现一位名为陈兰芳的"爆竹大王"。陈兰芳祖籍广东东莞，1916年在香港旺角设立广隆行，独家生产爆竹，到抗战时期已稳执全国爆竹烟花制造业出口的牛耳。[①] 利丰的爆竹烟花出口虽然不能与陈兰芳的规模相比，但却更有特色。由于受西方经营思想的熏陶，冯柏燎在经营中很重视创新。自古以来，中国出口海外的爆竹一贯以"泥封"包装。1907年，利丰经研究改进，以"纸封"包装取代"泥封"包装。纸封爆竹不但爆发时声音较响亮，避免了泥封爆竹燃放时扬起大量烟尘的缺点，而且重量较轻，进入美国市场时的进口税较低，深受客户喜爱。这一创新在当时被认为是一项重大突破。自此，利丰制造爆竹的工艺程序，成为了爆竹行业共

---

① 参见陈泽泓：《广州话旧》，55页，广州，广州出版社，2002。

三、冯汉柱与黑猫牌烟花

同遵守的标准。① 利丰作为烟花和爆竹等产品的设计和意念方面的创新者在行内获得了相当高的声誉。

冯栢燎时代于广州湾的爆竹厂

19 世纪末，香港每年的爆竹、烟花出口，货量约达 2 700 万磅，其中四分之三输往美国，其余输往欧洲及世界其他各地。当时，广东、湖南及澳门是中国生产烟花、爆竹的主要省区。② 利丰除了向当地厂家采购外，又于 20 世纪 20 年代在广州湾设立了自己的烟花生产工厂。利丰出口海外的烟花、爆竹，包括"斑马"、"长颈鹿"、"猴子"等多种品牌，其中约六成输往美国，四

---

① 参见"Li & Fung Limited, For 75 years of Hong Kong's success", Li & Fung Limited, 1981, pp. 16 – 17。
② 参见哈特臣：《锦霞满天——利丰发展的道路》，37 页，广州，中山大学出版社，1993。

成输往其他地区。40年代初，日军占领广州后，利丰才关闭了在广州湾的工厂。

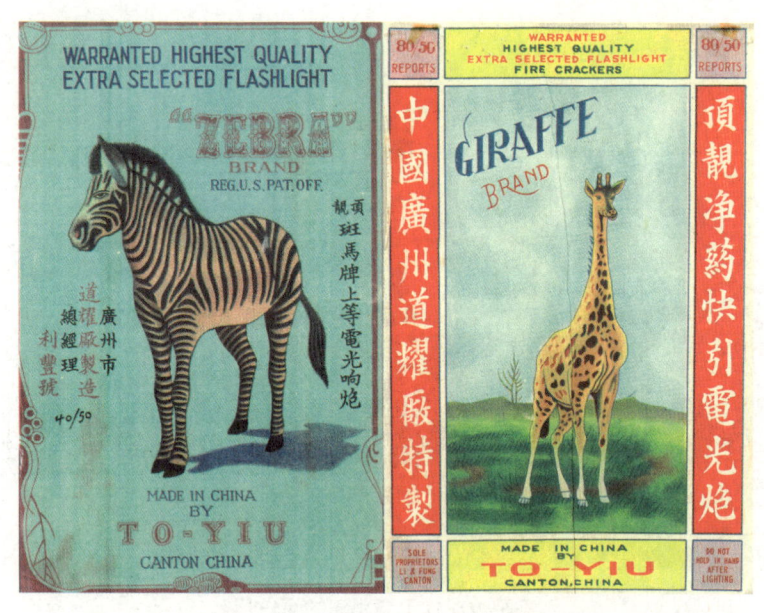

利丰1930年代初于香港登记注册的烟花品牌包括斑马牌、长颈鹿牌等

第二次世界大战后，利丰的经营重心从广州移至香港。这一时期，利丰经营出口的产品中，传统产品烟花、爆竹仍然占有重要的地位。50年代初，朝鲜战争爆发，联合国对中国实施贸易禁运，利丰于是在澳门设立新的烟花、爆竹生产工厂，公司的采购中心亦迁移到澳门。当时，中国出口美国的烟花、爆竹的质量和安全性一度受到海外消费者的质疑。利丰于1952年在美国登记注册了"黑猫牌"（Black Cat Brand）。在西方，黑猫是幸运的象征，对有诚意的烟花买家来说，隐含吉祥、幸运之意。利丰出口美国的黑猫牌烟花，以质量好、安全性高著称，很快就成为当时市场上最畅销的烟花、爆竹牌子之一。在美国的烟花、爆竹市场，就流行这样的广告

词:"Black Cat is the Best You Can Get"(黑猫是您最佳选择),黑猫牌烟花也成为利丰出口烟花、爆竹的主要品牌。

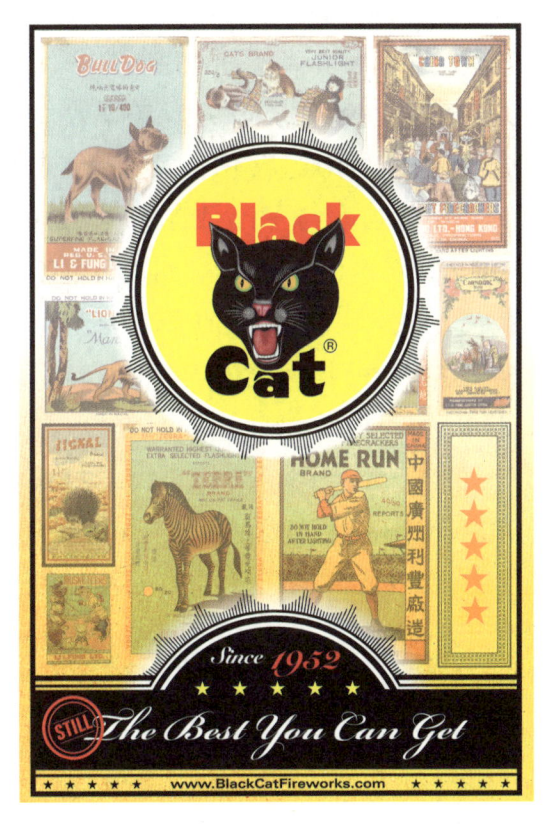

利丰于 1952 年在美国登记注册的黑猫牌烟花

20 世纪 50—60 年代,在澳门获准将产品输往美国的六家生产烟花、爆竹的工厂中,利丰是规模最大的一家。利丰在烟花、爆竹的质量控制和安全等方面一直享有良好声誉,因而能够在美国市场接获越来越多的订单。这使它将采购及管理的范围逐步扩大到澳门的其他五家工厂。1968 年,为了进一步满足美国市场的需求，利丰在台湾设立了一家现代化的大型爆竹烟花工厂，名为"统一爆竹及烟花制品有限公司"（President Firecrackers & Fireworks Co., Ltd.），全部产品均出口美国。据统计，从1967年至1971年的五年间，利丰一直是香港最大的烟花、爆竹出口企业。[①]

1972年，美国总统尼克松访问中国，美国对华贸易禁运撤销，中国烟花、爆竹制品再次进入美国市场。物美价廉的中国烟花、爆竹立即对澳门的烟花生产构成威胁，一年之内几乎所有的澳门烟花工厂都被迫停产、倒闭。利丰再度向中国内地采购烟花、爆竹等货品。当时，利丰在内地的采购主要集中在广西等省份。70年代中期，鉴于中国经香港转口美国的烟花、爆竹数量日益庞大，且逐年增加，美国政府开始收紧对该项产品质量的管制。美国消费品安全委员会（Consumer Products Safety Commission）下令，进口的所有爆竹烟花都要清楚标明注册商标，写明使用时的注意事项以及使用方法。利丰对美国的做法反应迅速，加强严格的质量控制和管理，以符合美国规定。在利丰的监督下，中国生产的黑猫牌产品，从来不曾被美国监管当局扣留或销毁。利丰还积极参与美国烟火制品协会（American Pyrotechnics Association）每年举办的有关安全活动的推广计划，以使利丰的这项业务得以顺利发展。

随着利丰业务日益增长，1983年利丰在香港成立全资附属公司——兆丰烟花有限公司（Shiu Fung Fireworks Company Limited），以统筹集团的烟花、爆竹采购出口业务。在公司开业典礼

[①] 参见哈特臣：《锦霞满天——利丰发展的道路》，39页，广州，中山大学出版社，1993。

上,主席冯汉柱表示,兆丰"将会竭力经营拓展外销,务求对我国经贸能够贡献一分力量"。①

80年代,利丰经营的黑猫牌烟花、爆竹生意经历了一个困难时期。当时,中国出台了新商标法,利丰在广西的合作伙伴——当地的一家国营出口贸易公司,鉴于黑猫牌在美国的声誉,于1985年在内地注册了黑猫牌,即实际盗用了黑猫牌的牌子。在当时的形势下,利丰被迫与他们保持合作关系,并只向这家公司采购烟花、爆竹。不过,由于得益于这一时期人民币贬值的趋势,利丰的烟花、爆竹出口业务仍然获得极大的增长。

1989年,为了进一步拓展美国市场,利丰在美国旧金山成立了一家市场营销公司——金门烟花爆竹有限公司(Golden Gate Fireworks Limited),以加强对黑猫牌产品的市场支持,并进一步贴近美国的消费者。当时,美国市场消费者相当关注中国制造的烟花、爆竹产品是否符合美国监管规定及是否有注册商标。为了进一步解决黑猫商标被盗用登记的问题,1991年,在内地相关人士的协助下,利丰终于从广西的合作伙伴手中取回黑猫牌的所有权。而这整个过程都是在冯汉柱的主导下顺利完成的。兆丰烟

兆丰烟花有限公司香港办事处

---

① 冯汉柱:《兆丰烟花有限公司开业致欢迎词》,1983。

花公司终于可以在中国内地的各个省份自由采购烟花、爆竹,并建立起一个更加贴近厂家的采购网络。1992年,利丰在湛江成立办事处,"黑猫"也在湛江基地成立其在中国内地的第一个仓库及包装基地。

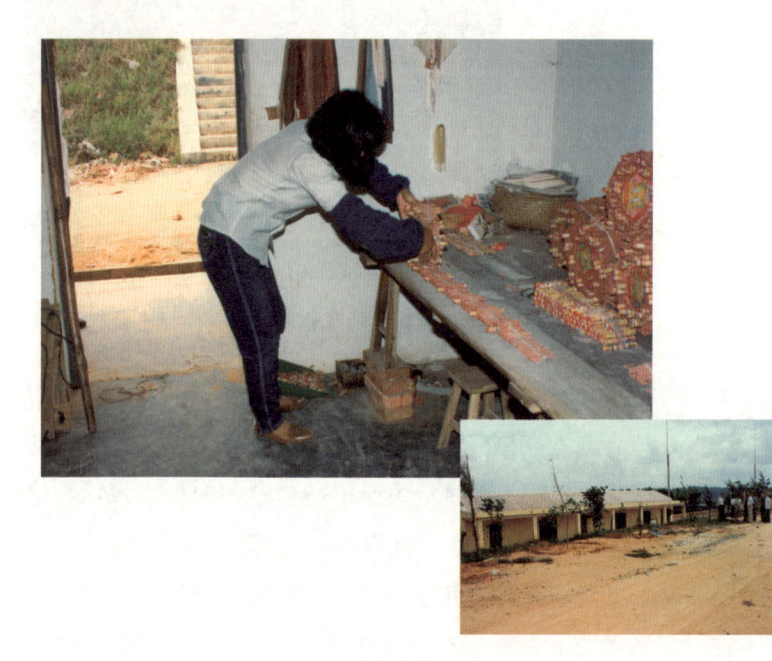

湛江烟花厂

20世纪90年代,兆丰烟花从采购业务拓展为一家拥有自家品牌之烟花出口及批发业务的公司。1992年,利丰在欧洲的英国收购了一家烟花进口公司,该公司后来被命名为"英国黑猫"(Black Cat UK)。1993年,利丰在美国再收购了一家名为"Winco Fireworks International"公司25%的权益。1998年,利丰收购英国一家极具规模的烟花进口经销商"Standard Fireworks",以促进黑猫品牌产品更深入地进入欧洲大陆市场。这一时期，黑猫牌产品在美国市场得到进一步的巩固，而在英国则通过 Standard Fireworks 的分销渠道获得迅速的增长。1996年，为了纪念利丰成立90周年，利丰赞助了香港维多利亚海港新年烟花表演。

踏入21世纪，利丰在中国的采购业务也开始发生变化。2001年，毗邻香港的广东省开始严禁烟花、爆竹生产。广东迅速失去了作为全国最重要的烟花出口窗口的地位。兆丰迅速做出应变，将采购和出口基地转移到广东邻近的湖南、广西，以及华东地区的上海等地。事实上，早在20世纪90年代中期，兆丰通过介入工厂管理已经在湖南建立起基地。2002年，兆丰成功在上海建立采购出口的窗口，并从上海港运出首个销往海外的集装箱。兆丰在广西的联系首先是在合浦县，2007年转移到北海。这一具战略性的措施使兆丰得以从容面对国内环境变化的一系列挑战，包括2004年深圳盐田港和2008年广东三水港禁运烟花、爆竹等产品。

2001年，由于中国对外贸的开放，兆丰烟花通过南京利丰英和商贸有限公司在南京获得直接出口权许可证，成为中国第一家获得直接出口权的外资公司，可以直接与厂家采购，并使用人民币交易。这对兆丰经营模式的提升具有重大而深远的意义。它使得兆丰能够更接近生产厂家，并为厂家提供技术支持、产品开发及原材料进口等供应链各个环节上的服务，即从事虚拟生产。在此过程中，兆丰得以与一系列的生产厂商的核心供货商建立更紧密的关系及联系，以取得更稳定和可靠的供应。2005年以后，中国实施更灵活的汇率政策，人民币汇率持续升值，对中国的出口贸易带来了更多的不稳定及不确定因素。2006年，中国政府允许北京及内地其他大城市在新年期间可以燃放烟花、

湖南烟花厂

爆竹，这一行业的国内本地销售需求大增，经营利润更加丰厚，对出口业务的供应造成更大的冲击。然而，兆丰凭借着与核心供货商稳固的关系，得以继续维持源源不断的出口交付。

2004年，随着利丰收购Comet Fireworks，兆丰无论在采购或客户网络等方面都有了进一步的拓展。由于Comet Fireworks的主要客户主要是一些折扣商店和连锁店，它们的产品一般以低价为主，因此，从2004年起，兆丰推动一系列的烟花生产线迁移到江西，以适应外国进口商低成本的要求，这是第五次生产采购基地的转移。2010年，兆丰在江西设立分销渠道和QA/QC支持团队，进一步加强了公司在江西的采购能力。

2008年，美国次贷危机引发全球金融海啸，再加上国内持续数月的禁止烟花生产和运输，烟花行业进入一个困难时期。当年8月，奥林匹克运动会在北京召开，国家再度开放烟花生产，兆丰的竞争对手无法满足消费者的庞大需求。而兆丰则因为与烟花生产厂商的核心供货商建立的密切联系，得以顺利交付所有客户订单的产品。这一年，兆丰的市场份额大幅超过了它的竞争对手。2007年和2009年，兆丰的QA/QC部门和物流部门先后获得ISO9001认证，成为中国烟花行业第一家获得ISO认证的公司。这给兆丰带来了行业内技术合规的声誉和信任。自从2004年以来，兆丰成为中国内地和香港地区最大的烟花、爆竹出口商。同时，由于中国出口的烟花、爆竹占了全球出口市场95%以上的份额，兆丰因而也成为全球最大的烟花、爆竹出口商。

冯氏集团主席冯国经表示，烟花、爆竹生意见证了集团百年来的发展、变迁，也见证了香港作为中国与欧美等国际市场的联系桥梁的发展、演变。

冯汉柱：献身公益、回馈社会

在利丰发展史上，作为冯氏家族第二代的冯汉柱发挥了承先启后的重要作用。他在战火逼近的时刻临危受命，成功地将利丰的基础从广州转移到香港；在战后的日子里，他不失时机地根据香港经济环境的转变调整经营方针，使利丰继续发展壮大。冯汉柱做生意极为灵活，他常说："有101种做生意的方法。"难能可贵的是，他尊重知识，在德高望重的高龄之际，能够认真听取两个刚从美国学成归来的年轻儿子的建议，将家族企业上市，迈出了家族企业现代化的关键一步。更为重要的是，他成功地将家族事业的接力棒顺利地移交给卓有远见的第三代，并借此推动利丰股权重组，为未来的大发展奠定基础。

冯汉柱于 1953 年 4 月 1 日出任东华三院主席

做生意并非冯汉柱的初衷,他曾多次说过,他喜欢的是做矿务工程。不过,当家族的使命落到他身上时,他毅然前行。冯汉柱对工作极为认真,据 1982 年加入利丰的林宝源回忆,冯老先生每次会见客人都做充分准备,事先他会记住每位客人以及其太太和子女的姓名,准备好要问的问题。他将每次会面都视为利丰业务的一次商机。有时真的记不住客人的姓名,他还有一个缓冲的办法,就是凡是客人都称"老板"(My Boss)。冯汉柱对合作伙伴、顾客,乃至公司员工都相当好,林宝源说,从来没有一个人说他的坏话。冯汉柱亦极为重视家庭、婚姻,与太太冯李佩瑶相当恩爱,经常一起上街散步。

冯汉柱既是香港成功的企业家,也是社会知名人士。早在 20 世纪 50 年代,冯汉柱就开始积极参与社会公益事业,出任多项社会公职,建树良多。1951—1953 年,冯汉柱先后获委任为香港

三、冯汉柱与黑猫牌烟花

港督葛量洪于 1953 年 4 月 27 日巡视东华东院

1954 年冯汉柱参与创办香港西区扶轮社，出任创社会长

东华三院总理、首总理，1953—1954年更被委任为董事局主席。冯汉柱任主席期间，先后推动东华医院已有83年历史的超龄建筑物平安、福寿两楼拆卸重建，计划重建新广华医院，增建广华医院小儿病房及门诊新厦，及建成东华三院附设护养院；推动建立东华三院九龙第一免费小学校舍的筹建，为贫苦学生提供免费教育；以及推动东华义庄的修葺、扩建，修建永别亭等。当时，东华三院的账目出现混乱，冯汉柱主席聘任李福树会计师为核数师，整顿、改革东华三院的会计制度，确立员工福利及退休金制度；又设立总干事及学务部，以提高东华三院的行政效率。[1] 冯汉柱于1967年被东华三院委任为永远顾问，并于1981—1982年出任东华三院历届主席会的主席。由于冯汉柱任主席期间东华三院各项事业发展快速，以冯汉柱为主席的这届董事局被誉为"三院有历史以来最活跃的董事局之一"。[2]

50年代，冯汉柱还参与其他多项社会活动，包括1954年参与创办香港西区扶轮社，并出任创社主席。扶轮社为一全球性事业及专门职业人士事业及专门职业人士的非政府非牟利的组织，旨在提供慈善服务，鼓励崇高的职业道德，并致力于世界亲善及和平。早在20世纪30年代，冯汉柱的父亲冯栢燎就曾是广州扶轮社的会员，冯汉柱以此为荣，他因此经常将父亲留下的扶轮社徽章挂在胸前，以此为傲并勉励自己。冯汉柱还全程积极参与南华体育会的发展，他先后于1955—1957年和1957—1959年分别

---

[1] 参见东华三院董事局：《东华三院百年史略》（下册），82页，香港，香港东华三院庚戌年董事局，1970。

[2] 丁新豹：《善与人同——与香港同步成长的东华三院（1870—1997）》，291页，香港，三联书店，2010。

三、冯汉柱与黑猫牌烟花

冯汉柱积极参与南华体育会的发展

出任该会主席及会长，并作为该会永远名誉主席直至1994年。为表彰其对社会的贡献，冯汉柱于1955年获英女皇加冕荣誉奖章，1960年被授予太平绅士称号。

从60年代起，冯汉柱开始进入政界。1960—1966年，冯汉柱被香港政府委任为市政局非官守议员，同时获委任的还有东亚银行创办人李冠春之子会计师李福树等。他在担任市政局议员期间，积极关心民生议题，包括小贩、工人的就业、培训以及环境卫生等问题的改善。他提议为小贩提供重新就业培训，使他们能够到工厂再就业，一方面可解决城市环境问题，另一方面又可为当时短缺劳工的工厂解燃眉之急。1964年，香港政府为了扩大华人在立法局的代表，以作为政府与本地市民沟通的桥梁，决定增加立法局非官守议员席位，冯汉柱被港督戴麟趾委任为立法局议员，同时获委任的还有唐炳源等其他四人。1965年，冯汉柱获颁赠大英帝国官佐勋衔（O. B. E）。

此外，冯汉柱还先后出任香港圣约翰机构委员会委员、被解犯上诉委员会委员、香港鹤山同乡会会长、香港冯氏宗亲会会长等社会职务。冯汉柱对家乡鹤山也关怀备至，在故乡大埠村捐建自来水工程及以其母命名的冯耀卿夫人纪念学校，并捐资设立教育基金会。在鹤华中学捐建教学大楼两幢。在鹤山职业技术高级中学捐建科学大楼、体育活动中心等。冯汉柱及其夫人冯李佩瑶因而被鹤山市政府授予鹤山市荣誉市民称号。长期以来，冯汉柱与夫人冯李佩瑶从事工商业的同时，积极回馈社会，致力于社会公益事业，为利丰公司后来的发展开启了源远流长的优良传统。

1994年8月9日，冯汉柱因病医治无效，在香港于睡眠中与世长辞，享年83岁。在8月19日举行的追悼会上，香港工商界领袖齐集一堂，向冯老先生致以最后的敬意。各社会团体都派出代表参加，包括利丰集团、美国宝信公司、世界龙岗学校暨辖属学校、冯氏宗亲会、香港红十字会、南华体育会、东华三院甲戌年董事局暨历届总理、东华三院历届主席会、香港付货人委员会、香港纺织业联会、香港工业总会、香港总商会、香港贸易发展局，以及江门市政府、鹤山市政府和番禺市政府等各个机构的代表。

追悼会上，资深香港政坛元老钟士元致悼词表示：冯汉柱不仅是成功的企业家，更是热心公益的社会贤达，他"从1960年至1966年间出任市政局议员，而1964年至1970年间，被委任立法局议员，为时长达六年之久，于本港经济、财政，甚至市民大众之福祉，无不就其真知灼见，尽力进言，深获港府倚重。因而

三、冯汉柱与黑猫牌烟花

冯汉柱于办公室,墙上所见为扶轮社赠予他的纪念社章,
以表扬他作为创社会长

于 1960 年被授予太平绅士称号,并于 1965 年荣获 O.B.E 勋衔。除出任立法及市政局议员外,更为工业总会及香港出口商会创会会员,并应香港总商会之邀请出任首位华籍会董之一。有关福利及慈善事业,冯先生也不甘人后,身兼本港历史悠久之东华三院顾问局成员,瘝瘝在抱,凡事不分巨细,莫不躬亲处理,深受历届总理之爱戴。对众多公益及工业团体以至香港今日之经济及工商百业之繁荣兴盛亦可谓贡献良多,鞠躬尽瘁,此次安然逝世,闻者莫不为之深深哀悼"。

1960年冯汉柱被委任为市政局非官守议员，图为1965年11月市政局会议

照片来源：香港特别行政区政府新闻处。

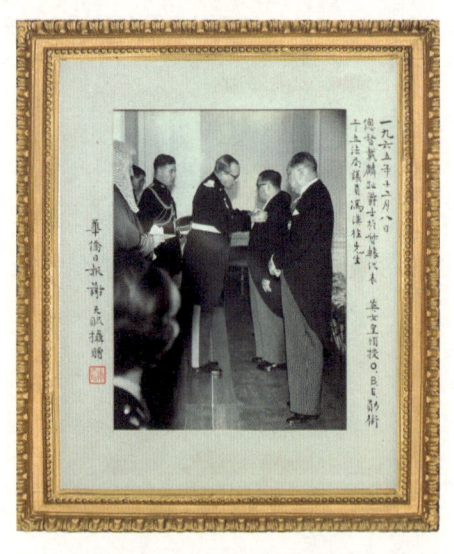

冯汉柱获颁授英国O.B.E勋衔

四、走向世界：利丰的全球供应链管理

20世纪90年代之前，利丰的"海上丝绸之路"，首先从广州出发，继而因应国际商贸形势的发展，于二战后转移至以香港为总部基地，并在70—80年代将其业务触角逐渐延伸至台湾、泰国、菲律宾、马来西亚、新加坡、印度尼西亚、韩国等亚太地区。这一时期，利丰的采购网络仍然是区域性的。不过，自20世纪90年代中期以后，利丰展开一连串凌厉的收购兼并，迅速将其采购网络拓展到全球40个国家和地区，发展为全球性的跨国贸易集团。这一高瞻远瞩的战略布局于21世纪第一个十年趋于完成。

2006年，利丰在纪念公司成立100周年之际，资助出版一本带有光盘的纪念册，题为"百载传奇——商贸之旅"（Epic Journeys: Vision and Legends）。该纪念册纪念了历史上东西方两位伟大的探险家马可波罗和郑和。前者于公元1271年从意大利的威尼斯向东走，到达中国；后者于公元1405年从中国苏州太仓港由海路向西走，展开七下西洋之旅，历经东南亚、印度、中东及非洲等地。在纪念册中，集团主席冯国经表示："马可波罗和郑和不只是开拓者，更是和平使者。通过文化交流及贸易往来，他们拉近了东方和西方

的距离；而环球贸易亦因他们而有可观的发展。"

冯国经指出："今年正值利丰集团创办100周年，我们借此机会向两位传奇人物致敬，他们的宏图远见必定启示利丰集团迈步向前，踏进另一个新纪元，再创百年佳绩。"[1] 在这里，冯国经既是以纪念两位先辈来勉励集团在新的纪元再创佳绩，同时，也是对公司在过去十年完成战略布局所展开的"商贸之旅"，给予充分的肯定。

■ 收购英之杰采购：采购网络扩展到欧洲、南亚及拉美

20世纪80—90年代期间，国际经贸形势发生了快速变化。在国际层面，经济全球化和区域经济一体化进展快速。正如美国著名记者托马斯·弗里德曼（Thomas Friedman）在其著作《世界是平的：一部二十一世纪简史》(*The World Is Flat: A Brief History of the Twenty-first Century*)中，深入分析了这一时期的十股经济力量，包括网景（Netscape）上市引发的互联网热潮，及由此引发让全球跨国合作得以发生的互联网络平台的兴起，开放原始码软件，外包、海外生产、供应链规划、内包（或称委内，承接公司内部业务）的相继兴起，信息搜索的发达，轻科技"类固醇"，等等，从而"架构了一个平坦的世界"，并导致全球性供应链管理的崛兴。[2] 在国内层面，中国的改革开放深入发展，

---

[1] 利丰：《百载传奇——商贸之旅》，3页，香港，利丰集团，2006。
[2] 参见托马斯·弗里德曼：《世界是平的》，47～155页，台北，台北雅言文化出版股份有限公司，2005。

四、走向世界：利丰的全球供应链管理

1992年春，中国领导人邓小平视察广东，中国进入新一轮对外开放的历史新时期，中国的对外贸易进一步扩展，为香港的贸易公司注入了新的动力。

在此背景下，香港制造业大规模将劳动密集型产业或工序内迁至以广东珠三角为核心的南中国，形成"前店后厂"的分工格局。同时，香港厂商也有部分向东南亚、亚洲区内其他较远的地点，甚至在包括巴西、捷克、洪都拉斯、毛里求斯、墨西哥、波兰、南非及津巴布韦在内的世界各地投资设厂，形成了以香港为总部的庞大生产网络。这一网络又和世界各国的全球化市场网络交织在一起，形成更为庞大的全球性经贸网络。在此转移过程中，香港贸易形态也发生深刻变化，再次成为亚太区，特别是中国内地最重要的贸易转口港。

1992年7月1日，利丰再次在香港挂牌上市

利丰 1992 年招股章程

面对新形势，冯国经、冯国纶兄弟决定把握时机，将利丰核心业务重组上市。1991 年 10 月 25 日，冯氏兄弟通过新成立的利丰有限公司（原本的利丰有限公司于 1992 年 5 月 21 日改名为"利丰（1937）有限公司"）并直接持有新的利丰有限公司，将旗下出口贸易业务重组上市。1992 年 6 月 2 日，利丰召开特别股东大会，决定将公司法定股本从 10 万港元增加到 7 000 万港元，即每股面值为 0.1 港元股份共 7 亿股法定股本。6 月 9 日，利丰在香港公开发行每股面值为 0.1 港元新股 1 亿股，发售价为每股 2.2 港元，市盈率为 8 倍。1992 年 7 月 1 日，利丰再次在香港挂牌上市。

利丰在其招股章程中谈到公司的未来计划及发展前景："董事相信亚洲将继续为全球大量生产消费品之主要生产中心，而香港将继续扮演地区内之主要贸易中心角色。……由于远东区之采购日趋繁复，董事相信主要海外买家已认识到利用具有地区基础的出口代理较自行在地区内建立采购网络更有利。董事相信本集团统筹协调之地区网络可提高本集团争取新客户及加强与现有客户关系之能力。"① 为了进一步扩大公司的采购网络，利丰制定上市后的第一个三年计划（1993—1995 年），决定展开收购兼并，

---

① 《利丰有限公司配售新股及公开售股章程》，24～25 页，1992。

将目标指向其长期竞争对手英之杰采购服务（Inchcape Buying Services，IBS）。当时，在香港从事采购贸易业务的公司，居前三位的分别是英之杰集团旗下的 IBS、利丰，以及太古集团旗下的太古贸易。1992 年度，这三家公司的营业额分别为 7 亿美元、5 亿美元及 4 亿美元。

IBS 是英国英之杰集团（Inchape & Co.，Ltd.）旗下在香港的贸易公司，成立于 1970 年，总部设于香港，其核心业务来自集团于 60 年代收购的一家历史悠久的洋行——天祥洋行，主要从事商品采购出口业务，从玩具、电子产品、纺织品到成衣等，在全球 17 个国家和地区共设有 20 个采购办事处。70 年代以来，IBS 一直是香港最大的采购贸易公司。1994 年，IBS 的边际利润为 0.8%，远低于利丰的 3.3%。

IBS 拥有超过 1 000 名员工，都是采购专业人才。而且，IBS 的业务与利丰相似，但出口市场重点不同。IBS 的出口市场结构中，美国市场占 29%，欧洲市场及其他市场占 71%，在 18 个国家共设有 20 个办事处。利丰收购 IBS 后，可使集团的出口市场趋向平衡。[①] 当时，英之杰作为一家跨国企业集团，其核心业务是汽车经销，采购服务只占集团营业额的一小部分。英之杰希望通过业务重整，巩固及壮大其核心业务，而将非核心业务出售。1995 年 7 月 1 日，利丰与英之杰达成收购协议，利丰以不超过 4.5 亿港元现金收购 IBS，市盈率为 8～9 倍。完成收购后，利丰接管 IBS，包括拥有该公司的若干商标及标识，主要是"天祥"

---

① 参见"Inchcape Buying Services Operations Are Now a Part of Li & Fung Organization"，*Li Fung News*，No. 22，August 1995。

(Dodwell）名称和标识的权利。1996年5月，利丰公布收购天祥后的首次业绩。1995年度利丰的营业额大幅跃升至92.13亿港元，比1994年度的61.25亿港元急增50%，其中，利丰占65.35亿港元，天祥占26.78亿港元；经营溢利约2.58亿港元，其中15.5%来自天祥，约4 000万港元。利丰总经理冯国纶表示："天祥给了我们三样东西：通向欧洲市场之路；使我们的货源网络延伸到印度次大陆；我们的职业从业人员差不多增加了一倍。"

1995年利丰收购英之杰采购服务集团

照片来源：《南华早报》。

1996年，利丰推行第二个三年计划（1996—1998年）。新三年计划的主要策略是"填补空间"（Filling in the Mosaic），包括重整合并后的两家公司的组织架构，将IBS的客户和海外采购办事处并入利丰，并将其以地域为基础的组织架构转变为利丰以客户为中心的组织架构；按照利丰的模式调整IBS所有员工的职级、薪酬、奖励机制及福利待遇；利用收购 IBS 后所吸收的客户和海外采购办公室，扩充利丰的全球采购网络和供应链管理网络，以增强利丰的核心竞争力。按照冯国经、冯国纶兄弟的战略意图，就是要充分挖掘和发挥刚收购的天祥洋行的潜力，提高天祥洋行当时低于 1% 的利润水平，令它达至利丰 3% 的利润水平，从而增加公司整体盈利，实现 1998 年公司盈利比 1995 年双倍增加的目标。

合并计划完成后，利丰的全球采购网络拓展到南亚、欧洲、地中海、拉丁美洲，以及埃及、突尼斯、墨西哥、阿拉伯联合酋长国、尼泊尔等。到 1998 年底，利丰的采购网络已遍及全球 29 个国家或地区，共拥有 45 家办事处，其供货商多达 7 000 多家。利丰的出口市场也趋均衡，美国市场所占比重已从原来的 84.4% 下降到 67.5%，欧洲市场则从 12.6% 上升到 28.6%，亚太地区的比重也从 2.1% 上升至 3.3%～4%。1996 年度，即利丰收购 IBS 后将该公司全年收益悉数拨入利丰的首个财政年度，利丰的营业额大幅跃升至 125.14 亿港元，其中有 41% 来自天祥，整体比上年度增长 35.8%；计算特殊项目前经营溢利 3.26 亿元，增长 26.2%。1998 年底，IBS 完全并入利丰，其边际利润也从 0.8% 提升到 3% 以上，公司边际利润回升至 3.18%，已接近合并前水平。

收购太古贸易和金巴莉：拓展"虚拟生产"业务

1998 年，利丰制定上市后第三个三年计划（1999—2001年），将目标定为三年内集团盈利翻一番，同时提升 50% 营业额及 1% 边际利润。为此，利丰决定再次策动收购兼并，目标是太古贸易及金巴莉公司。

太古贸易有限公司（Swire & Maclaine Limited）是香港英资太古集团旗下的贸易公司，创办于 1946 年，总部设于香港，主要从事采购贸易及提供质量保证服务。该公司业务与利丰大致相同，其采购产品大部分为成衣，占营业额的 65%，其次为一系列耐用消费品，如玩具、家具、礼品、烹饪用具及餐具等，约占 35%。按出口市场划分，美国市场约占营业额的 80%，其余 20% 来自英国等欧洲国家，以及加拿大、日本等，主要客户是一些连锁专门店集团。太古贸易在亚洲区设有 11 家办事处，在美国设有 1 家服务中心，并另设 11 家质量控制中心，监控 31 个采购地区，员工逾 400 人。90 年代初，太古贸易是香港仅次于 IBS 的第二大出口贸易公司。不过，90 年代期间，太古贸易经营不理想，营业额及盈利不断下跌。1998 年度，太古贸易营业总额仅为 23.56 亿港元，除税后溢利 1 270 万港元。

金巴莉企业有限公司（Camberley Enterprises Limited）创办于 1979 年，创办人是太古董事，当时香港行政、立法两局首席议员邓莲如。金巴莉是一家成衣公司，它拥有员工 165 名，主要从事设计、生产及采购高档成衣、女士运动装、最新流行时装及家居用品，客户包括英国、美国及日本的零售商、时装品牌及设计师名下品牌。其中，英国市场占公司营业额的 70%，美国市场占 27%，其余 3% 为日本及其他市场。金巴莉最大的特色是"虚拟生产商"，利用自置的设施为成衣客户提供设计、自行制造纸样及样品、购买布料，然后将生产工序授予深圳的工厂以合约形式进行，内部管理比利丰的供应链管理还要繁复。1996 年创办人邓莲如退休返英国定居后,继任者对这盘生意缺乏兴趣。1998年度,金巴莉的营业额约为4.95亿港元,除税后溢利为3 500万港元。

1999年,利丰向太古提出收购建议。当时,太古集团正部署巩固其航空、地产等核心业务,有意"减肥",放弃采购贸易,双方一拍即合。同年12月29日,利丰与太古达成收购协议,以4.5亿港元现金收购太古贸易有限公司及金巴莉有限公司,市盈率约9.4倍。根据收购协议,太古保证1999年度太古贸易及金巴莉的合并资产净值不少于7 100万港元,合并营运资金(即流动资产减流动负债)不少于1 750万港元。当时,香港里昂证券发表研究报告指出:这项交易以1998年金融危机后价格计算,对太古集团而言绝对是割价发售;而对利丰来说,不但能进一步壮大利丰业务,更令利丰稳坐本港环球消费品贸易业务第一把交椅。[①] 收购金巴莉还有一个好处,就是能充分吸收金巴莉在"虚拟生产"方面的专长,开拓利丰的虚拟生产业务模式,使利丰能更深入地进入服装产品的设计领域。在虚拟生产经营模式下,金巴莉担当了女士潮流服装及装饰配件设计师和直接供货商的角色,而非客户的供应代理商,它的客户主要是来自欧美的高档服装品牌,主要销往美国与英国市场。

利丰认为:"金巴莉的案例体现了利丰从代理业务向产品供应业务的延伸。金巴莉对整条成衣供应链进行管理和优化,是成衣供应链的管理者。与传统的企业生产规模相比,虚拟生产模式更加注重生产必须符合市场需求的经营理念,更加体现以顾客为核心的市场观念的确立。金巴莉的成衣制造模式深刻地体现了这

---

① 参见《利丰藉收购壮大》,载《东方日报》,2000 - 01 - 06。

个转变。"① 利丰借收购行动吸收金巴莉的专长，令供应链向上游延伸，为客户提供更多样的服务。

从 20 世纪 70 年代到 90 年代的 30 年间，英资的英之杰采购、太古贸易和华资的利丰公司，一直稳居香港采购贸易公司的前三位。20 世纪 90 年代中后期，利丰先后收购英之杰采购及太古贸易，三大贸易公司归于一统。自此，英商主导香港贸易业的时代宣告结束。

1999 年利丰与太古达成收购协议，收购太古贸易有限公司及金巴莉有限公司

照片来源：《南华早报》。

■ 收购 Colby 及其他：扩大全球客户群体

2000 年，利丰再次展开收购，收购了香港一家几乎与利丰齐

---

① 利丰研究中心：《供应链管理：利丰集团的实践经验》，98 页，香港，三联书店，2003。

名的消费品贸易公司 Colby Group Holdings Limited。Colby 集团创办于 1975 年,创办人是犹太商人盛智文(Allan Zeman)。Colby 自创办以来,在百货公司客户中拥有甚高商誉,一直是利丰的另一个重要竞争对手,被称为"同一屋檐下的巨人"。① Colby 的主要业务是为零售商采购服装及百货产品,在世界各地设有 35 个办事处,拥有 600 名员工,采购范围涵盖亚洲、中美洲、非洲、欧洲、北美、中东、太平洋及加勒比海地区等逾 55 个国家和地区,拥有超过 4 200 家供货商,所采购的产品包括女装、男装、童装及时装配饰、家庭产品(包括电器及电子用具)、精品、鞋类、旅行用品、手袋、家具等。其中,纺织品约占销售总额的八成,其余为杂货,与利丰的比例相若。Colby 的客户主要为欧美国家一些著名百货公司以及专门连锁店、邮购公司、名牌进口商和其他零售商等。最大客户 Kohl's,是一家在美国拥有 296 个分店的大型百货公司,其采购额占 Colby 销售的 1/3。Colby 与其中 95% 的客户都签署了独家代理合约。Colby 的营业额中,美国市场约占 83%,其余来自南美、澳大利亚、欧洲及加拿大。

　　Colby 运用其全球网络向客户提供采购服务,包括为客户提供实地质量监控、厂房评估及查核遵守规例情况、就产品发展提供意见及协助客户调查供货商的财政状况等服务。该集团的收入主要来源于为客户采购产品所收取的佣金,其余收入来自贸易销售及成衣出口配额买卖。被收购前,Colby 的业绩增长颇为可观,1999 年度集团营业额达 35.20 亿港元,除税后盈利 6 810 万港

---

① 参见 Angela Mah, Teresa Lai, Li & Fung Ltd., "Two Giants Under One Roof", *Morgan Stanley Dean Witter*, 10 Novermber 2000.

元，比 1998 年度分别增长 10.3% 及 17.8%。2000 年上半年，公司营业额达 19 亿港元，比 1999 年同期增长 64%，预测全年可达 59 亿港元，年增长 69%；全年盈利估计为 1.3 亿港元，增长 78%。由于 Colby 与客户订立的是独家代理合约，平均利润仅为营业额的 2%，低于利丰。2000 年，Colby 曾以舜森互联网集团（Colby Net）名义两度申请在香港创业板上市，均未能成事，盛智文等公司管理层遂萌生将公司出售的意向。

2000 年利丰宣布收购 Colby 集团

照片来源：《南华早报》。

2000 年 11 月 8 日，利丰宣布向 Colby 集团主席盛智文及行政总裁乐裕民（Bruce Philip Rockowitz）购入其拥有的这家美国采购服务集团（各占 50% 权益），总收购价约为 21.99 亿港元，其中，约 2.475 亿港元以现金支付，余下金额将通过利丰发行 1.132 亿股新股支付，占已扩大后股本的 3.95%，每股作价 17.25 港元，较利丰在 11 月 7 日的收市价 15.65 港元有约 13.8%

溢价。盛智文表示，是他主动与利丰联络洽谈有关收购事项的。他在出售 Colby 后曾公开向传媒说："我们计划上市，于是向不同银行及投资做推介，而每一个人均拿我们跟利丰比较，然后问我们怎样可以超越利丰……20 多年来我们和利丰一直保持友好竞争关系，但直到这个时候我们才想到，利丰和 Colby 作为最大的市场参与者，合并所产生的共同效益，其实对双方都有好处。"

收购 Colby 为利丰带来协同效应，Colby 在世界各地均有庞大的采购网络，尤其是在中国内地及加勒比海（牙买加和多米尼加共和国）等地，其客户网络与利丰并不重叠。利丰的主要服务品类是专卖店品牌，而 Colby 的客户则主要是一些百货商店，收购 Colby 有助于利丰直接吸收这些新的客户群体，实时进入这些市场。Colby 客户中，五大客户占其生意额的七成。不过，由于 Colby 的业务边际利润只有 2%，收购 Colby 的影响之一，是直接拖低利丰的边际利润，从原来的 2.8% 下跌至 2.5%。此外，Colby 和利丰的业务覆盖区域亦有一部分重合，它们的美国客户群都是公司的主要客户群之一。总经理冯国纶表示，利丰收购 Colby 后将致力于重整两家公司的采购网络，将营运及操作部门合并以提高效率。

2004 年以前，利丰收购兼并策略的主线，是寻求大型或具有战略性的收购，借助这类公司所建立的强大客户关系来开拓新的市场和业务。不过，2004 年以后，利丰采购网络的全球布局已趋完成，因而转而采取"双线收购"的策略，在继续寻求大型或具有战略性的收购的同时，开始实施积极的填补式收购，即收购比自己规模小的公司，以拓展新业务范围、获取技术、扩展现有能力。利丰董事总经理冯国纶表示："这些收购将对集团扩展产品平台及地域覆盖范围产生莫大帮助。"

经过多年的拓展，目前，利丰的全球采购网络已经扩展到 40 个国家/地区，在美洲、欧洲、非洲及亚洲建立逾 300 个办事处及配送中心，与世界各地超过 15 000 名供货商建立紧密联系，这些供货商均为讲究质量和具高成本效益的厂家。利丰的销售市场亦从美国扩展到全球各地。其中，美国市场份额占 60%，欧洲市场份额占 18%，亚洲市场份额占 14%，其他市场份额占 8%。利丰员工增加到 2.5 万人。① 连串的收购不仅为利丰构建了一个全球性采购网络，拓展了多元化的市场和产品，提高了供应链管理效率，而且为利丰带来最宝贵的人力资源。

■ 利丰的全球供应链管理

利丰认为："供应链管理就是把供应链最优化，以最少的成本，令供应链从采购开始，到满足最终顾客的所有流程，包括工作流程、实物流程、资金流程和信息流程，均有效地操作。"利丰研究中心在《供应链管理：利丰集团的实践经验》中指出："从各种不同的论述和实践中，我们总结出以下三个方面：（1）供应链由客户（或消费者）需求开始，贯通从产品设计，到原材料供应、生产、批发、零售等过程，中间或经过运输和仓储，把产品送到最终用户的各项业务活动。（2）供应链的参与者包括企业和企业内的部门单位，供应链是这些单位之间的互动和关系，企业之间要加强企业内部的合作。（3）供应链的业务过程和操

---

① 参见《利丰有限公司 2014 年年报》，3、4、14 页。

四、走向世界：利丰的全球供应链管理

作，可以从工作流程（Work Flow，有研究称为商流）、实物流程（Physical Flow）、信息流程（Information Flow）和资金流程（Funds Flow）四个方面分析。供应链的信息流程带动工作流程，工作流程决定实物流程，实物流程反馈为资金流程。"①

20世纪90年代以来，越来越多的企业、公司将供应链管理的概念纳入它们的战略议程中。在全球范围而言，香港的利丰公司无疑是其中的佼佼者之一。美国哈佛商学院就对利丰的供应链管理实践做了多个商业案例分析，《哈佛商业评论》称利丰的供应链管理为"香港风格的供应链管理"，具有"快捷、全球化和创业精神"。从利丰的实践来看，其供应链管理具有以下一些基本的特点：

第一，积极拓展全球性的采购经销网络，对产品供应链进行优化管理。为了能在全球范围内为客户制订最优化的供应链，利丰非常重视供应链各节点上企业的紧密合作，强调企业应专注于核心业务，建立核心竞争力，在供应链上明确定位，将非核心业务外包，以争取"零售价里的软三元"。

第二，建立从采购、经销到零售的一条完整供应链的组织管理架构。20世纪80年代中期，利丰集团的业务从采购贸易扩展到零售环节，90年代收购英之杰亚太区市场推广业务，进一步扩大到经销，从而形成从采购、经销到零售的整条供应链管理。

第三，建立以客户为中心、以市场需求为原动力的拉动式（牵引式）供应链运作模式，为客户提供"一站式"的增值服务。利丰的供应链管理强调了真正的客户导向，它将客户分为大客户和中小客户，大客户由一个部门专门负责一对一的贴身服务，中小客户也

---

① 利丰研究中心：《供应链管理：利丰集团的实践经验》，6～7页，香港，三联书店，2003。

由专门人员全程服务,满足客户多样化需求。利丰根据客户的需求,从采购服务逐步发展起一系列的增加附加值服务,并扮演简单代理商、增值代理商、贸易供货商、虚拟生产商等多种角色。

第四,利用流程管理和信息系统去优化供应链的运作。[①] 作为全球供应链的协调和组织者,利丰拥有一套完整的 IT 系统,利用统一的 IT 信息系统,进行订单输入、交货和收款工作,确保一致的服务水平和效率。

集团主席冯国经曾举例说明利丰的全球供应链管理模式(见图1):"比如说我们获得了来自欧洲一个零售商的 10 000 件成衣订单,这不仅仅是一项简单的、需要我们在韩国(或印度尼西亚)的分支机构直接购买韩国(或印度尼西亚)货品的业务。可能的做法是,我们从韩国买纱并运往台湾进行纺织和染色;同时,由于日本的拉链和纽扣是最好的,而大部分都是在中国内地生产,因此,我们会到 YKK(日本的一家大型拉链厂商)在中国内地的工厂订购拉链,之后出于配额和工人状况的考虑,我们认为在泰国生产是最好的,便再把纱和拉链等运到泰国进行生产。又由于客户要求迅速交货,因此我们会分别在泰国的五间工厂下订单,这样,我们便能有效地为客户度身订造一条价值链,尽可能满足该客户的需要。"

"在收到订单的五个星期后,10 000 件衣服就放在欧洲客户的货架上,它们看起来像是在同一间工厂生产出来的(例如,它们的颜色完全相同)。可以想象当中的物流及工序的协助是如何完善的。这不仅是一种高增值、真正能做到全球化的产品,

---

[①] 参见冯邦彦:《百年利丰:跨国集团亚洲再出发》,217~228 页,北京,中国人民大学出版社,2011。

四、走向世界：利丰的全球供应链管理

而且是前所未有的。该产品的标签上或许会写上'泰国制造'，但却不完全是泰国产品。我们分解整个生产过程，并为每个步骤寻求最佳的解决方案。我们并不寻求哪一个国家可以生产出整件上佳产品，取而代之的是我们对价值链（生产过程）进行分解，然后对每一个步骤进行优化，并在全球范围内进行生产。……这样做的好处不但抵销了物流和运输的成本，而且使我们能借着提供高增值服务而收取更高的费用，公司能生产出更复杂的产品并更快捷地进行交付。"① 美国哈佛商学院就曾对利丰的全球供应链管理做过多个案例分析，这些案例成为国际上研究供应链管理的著名案例。

分解价值链，然后对每一个步骤进行优化，并在全球范围内进行生产
放眼全球，布置全球供应链网络

图1 利丰的分散生产/无疆界生产

---

① Joan Magretta, "Fast, Global, and Entrepreneurial: Supply Chain Management, Hong Kong Style: An Interview with Victor Fung", *Harvard Business Review*, September-October 1998, pp. 102–114.

五、冯氏集团授权品牌营运业务

除了采购贸易，利丰全球供应链管理的另外两个主要环节是品牌零售和品牌经销的营运业务。

早在70年代，冯国经、冯国纶兄弟就认为，零售业的发展紧随出口业务，当某一地区经济发展已届成熟、产品出口逐渐失去竞争力时，就应该转向开发本销市场。冯氏兄弟最早是以授权品牌零售业务的方式进入零售便利店行业的；踏入21世纪，更通过收购兼并，搭建业务架构，积极展开授权品牌（包括自有品牌）零售业务的营运。零售业的上游是经销。所谓"经销"（Distribution）是指在国际贸易中经销商按照约定条件为外国供货商和品牌商代理销售产品。对于供货商和品牌商等出口商来说，采用经销方式是稳固市场、扩大销售的有效途径之一。香港早期的洋行，除了采购贸易外，大多都兼营经销业务。冯氏集团进入品牌经销领域在时间上稍晚一点，是在1999年通过收购兼并展开的。

品牌授权业是知识产权贸易重要的一环。授权商借助这种商业模式，可以拓展相关业务，甚至进入新的业务领域，开拓更多、更新的商品市场。品牌授权业最初从美国兴起，其后发展迅速，至今已经成为一项全球性的业务。据国际授权业协会估计，目前全球授权产品收入约 1/3 来自美国以外地区，而十年前只有 1/10。中国、东南亚等发展中经济体已成为授权公司拓展业务的新热点。根据香港贸易发展局的资料，2013 年，全球授权产品零售额高达 1 558 亿美元，其中美国和加拿大占 60% 以上，欧洲和亚洲分别占 21% 和 12%。中国则是亚洲第二大授权业务市场，总值达 55 亿美元，占亚洲市场的 29%，仅次于日本。香港的授权业务历史较短，但发展蓬勃。

目前，香港已成为亚洲高度发达的授权业务市场、亚洲区主要的授权活动中心。这主要得益于它所拥有的多项优势，包括"优良的司法制度和金融基建、高度开放的市场、大量精通双语且经验丰富的知识产权专业人才、健全和符合国际条约要求的保护知识产权制度、低税率以及世界级的商业专才，并且与内地商贸联系密切等"。[①] 因此，香港不仅是亚太区首选的授权业务枢纽，更是拓展中国内地庞大市场的桥头堡。正是在这种宏观经济背景下，冯氏集团在上市公司——利丰有限公司（简称"利丰贸易"）之外，展开它的授权品牌零售、经销的营运业务。

从 OK 便利店到利亚零售上市

零售业是香港最古老的行业之一。20 世纪 60 年代，香港经济起飞，市民收入提高，对零售业的便利性、快适性及流行性有了更高的要求，推动了包括日夜经营的便利商店等超级市场的快速发展。1981 年 4 月，怡和公司与美国南兰公司签订协议，在香港开设

---

① 苏锦梁：《蓬勃的授权市场为香港带来无限商机》，见香港成报网（SingPao.com），2015-07-12。

7-Eleven 便利店。其后，OK 便利店、My Store、Sos24、24Kiss 等便利店相继引入，逐渐成为超级市场的一个重要分支。

1973 年，利丰（1937）（即现在的冯氏控股（1937）有限公司）成立全资附属的利丰（零售）有限公司（Li & Fung Retailing Group）。80 年代中期，利丰通过旗下附属公司利丰零售，与多家跨国企业合作，进军香港零售市场，最早发展项目是经营 Circle K 便利店。Circle K 便利店是美国 Conoco Phillips 集团拥有的连锁便利店品牌，是美国及全球第二大便利店连锁集团，业务仅次于 7-Eleven 连锁店集团。1985 年 1 月，利丰零售与美国 Circle K Corporation、日本 UNY 合作，在香港开设 Circle K 便利店，即 OK 便利店，利丰零售占 50％股权。当年，利丰零售在湾仔分域街开设第一间 OK 便利店。冯国经主持了隆重的开业仪式，美国 Circle K 集团和日本 UNY 都派代表参加剪彩。Circle K 集团国际业务高级副总裁兼 Circle K 国际董事长威廉·雷默斯（William Remmers）表示，随着"九七"问题的顺利解决，香港经济再度繁荣可期。他们对是项中美日合作在亚洲进一步拓展 Circle K 便利店充满热诚，并对成功极具信心。

便利店在香港要取得成功，最好设在人口密集的居民区以及繁华的商业中心区，在学校附近更理想。不过，由于香港两大超市——惠康和百佳，以及 7-Eleven 便利连锁店早已在人口密集的市中心区居民点捷足先登。面对竞争，OK 便利店调整策略，一开始便集中发展新市镇居民聚居的屋村。到 20 世纪 90 年代初，OK 便利店在香港约发展起 100 间分店的规模。当时，OK 便利店的两个外国股东先后出现财政问题，利丰零售的股权逐年上升，到 1997 年购下 OK 便利店的全部股权，独资经营。

位于沙田小沥源的利丰中心地下附属的 OK 便利店

照片来源：Vincent Yiu。

90年代初，利丰零售有意将便利店业务上市。不过，1994年香港股市市况逆转，1997年更受到亚洲金融危机的冲击，上市计划被迫一再押后。面对恶劣的经营环境，利丰零售决定重组便利店业务，将经营 OK 便利店的 Circle K Convenience Stores (HK) Limited 重组为一家全资附属公司。1998年10月，冯国经邀请杨立彬出任便利店业务行政总裁，重组公司管理层，展开一系列大刀阔斧的改革，包括制定长远业务发展策略和计划；关闭亏损严重、位置欠佳的店铺；重新设计 OK 便利店的内部装潢并整体翻新外观，重订业务标准和公司核心业务范围；推出 STF (Speed, Tidiness, Friendliness，即快捷、整洁、友善) 优质服务计划，为顾客提供高水平的 STF 服务并积极改善员工培训，推行员工奖励计划，增加店铺与店铺之间的良性竞争，以及引入供货商伙伴计划，鼓励与主要供货商紧密合作。

改革重点是重整 OK 便利店的业务发展模式。传统零售商的经营模式，一般以方便营运为主导，品牌定位含糊，业务专长积弱，供应链运作欠缺效率，优质管理文化仅限于产品，责任悉由管理层肩负，它们是市场追随者，属于高成本、低效益的运作模式。OK 便利店的改革，就是从这种传统的以供应为主导的经营模式，转变为由顾客需求拉动的经营模式，以顾客需求拉动整个连锁店的营销，包括根据顾客需求制定决策，根据顾客需求确定店铺位置、商品组合、管理文化，按照市场供求定价，重视顾客的满意程度，改善对顾客的售后服务，快速反应与调整等。重整后的 OK 便利店的新业务宗旨是："OK 便利店的目标是要成为全香港首选的便利店，以最合适的价钱，售卖最合适的货物，在最整洁的购物环境及便利地点，为顾客提供最快捷、友善服务。"

OK 便利店将加强和改善公司供应链管理作为改革的重点之一。1999 年 4 月，OK 便利店设立专门的供应链管理及物流部门，并投资建立了一个综合供应链网络，由 OK 便利店总部统筹，统一向供货商进货，然后配送到个别分店，以减低行政及物流费用，有效控制成本。除了建立高效物流体系外，OK 便利店亦勇于做出尝试，寻求更高效率、更低成本的营运模式，包括制定一个名为"供货商合作伙伴计划"（Partnership Supplier Programme，PSP），通过与各类产品的主要供货商共有资源，分担风险及成本，提高整体运作效率。

经过新管理层大刀阔斧的改革，OK 便利店逐步扭转被动局面，在亏损了 14 年后终于转亏为盈。2000 年，OK 便利店的营业额增加到 11.41 亿港元，纯利达 4 812 万港元，分别比 1999 年增长 17.24％和 6.29 倍，而营运成本占营业总额的比重则进一步降至21.9%。2000年10月,随着OK便利店业务逐步走上轨道,加上中国即将加入世界贸易组织(WTO),开放庞大的内地市场,利丰零售管理层认为将便利店业务分拆上市的时机已经成熟,于是筹组成立OK便利店控股公司——利亚零售有限公司(Convenience Retail Asia Limited),计划上市。

2001年1月,利亚零售在香港创业板招股上市,招股价为每股1.05～1.15元,发售1.63亿股,其中,配售股为1.3112亿股(占80%),其余3 278万股(占20%)公开发售,配售及公开发售完成后,大股东利丰(零售)仍持有利亚零售71.25%的股权。利亚零售宣布,公司上市的策略目标主要有三个:一是为进军中国内地市场集资;二是提升OK品牌的知名度、公司声誉及市场地位;三是令员工可借着拥有公司股份分享公司盈利而激励士气,加强员工归属感。2001年1月18日,利亚零售在香港创业板挂牌上市。

2007年2月,利亚零售收购圣安娜饼屋,将公司的业务从便利店扩展到西饼面包销售。圣安娜饼屋创办于1972年,是香港仅次于美心西饼的两大西饼面包连锁集团之一,在市场上有相当高的知名度。1992年,圣安娜饼屋将经营从香港扩展到澳门等其他地区,同年开始创立其月饼品牌,将产品推销至香港、内地、亚洲其他地区及北美。1993年,圣安娜在香港九龙湾开设了自动化面包西饼生产线,随后于1995年在广东深圳开设自动化生产工场。截至2007年12月,圣安娜饼屋共开设97间分店,其中81间在香港,其余的在澳门和广州。利亚零售收购圣安娜饼屋后,即同时拥有OK便利店和圣安娜两个零售品牌,获得协同效应及交叉销售的优势,并扩大规模经济效益。2007年中,利亚零售对旗下的 OK 便利店实施"时刻为顾客转出新鲜感"（Always Something New）的营运理念和市场定位，将圣安娜新鲜出炉的面包放在 OK 便利店销售，并在全港约 50 间分店中设有烤炉售卖现烤新鲜面包；又引进自家品牌 Hot & In 新鲜及快餐食品，包括新鲜果汁、即磨咖啡、即磨豆浆，以至采用大排档秘方的即制港式奶茶。这一新推出的产品策略立即成为 OK 便利店的新卖点，赢得了顾客广泛的好评。

位于铜锣湾兰芳道的圣安娜饼屋，店面设计时尚

照片来源：Vincent Yiu。

利亚零售收购圣安娜饼屋，图为利亚零售举办的
圣安娜饼屋管理团队欢迎讲座

OK 便利店的自家品牌 Hot & In，提供各种热食

照片来源：Vincent Yiu。

经过多年的发展，截至 2014 年底，利亚零售在香港共开设 329 家店铺，连同在香港以外地区开设的 127 家店铺，再加上圣安娜在香港、澳门、广州及深圳开设的 148 家店铺，集团的店铺总数达到 604 家；公司员工超过 7 000 人，其中 62％为香港员工，其余 38％为广州、深圳及澳门员工。利亚零售成为香港仅次于 7-Eleven 的第二大连锁店集团。2014 年度，尽管香港及国内零售市道面对消费意欲平缓和经营成本上涨等不利因素，但公司仍取得销售额的增长，全年营业收益达 47.36 亿港元，核心经营溢利 1.53 亿港元，纯利 1.21 亿港元。

■ 利和经销与利丰亚洲

20 世纪 90 年代，随着亚太区特别是中国内地经济蓬勃发展，国民生活水平不断提高，品牌经销业越来越受到国际商界的重视。1998年11月，冯氏兄弟通过利丰（1937），联同美国宝信资产管理等四大投资公司，合组利丰（经销）集团有限公司（Li & Fung (Distribution) Ltd.），其中，利丰（1937）占67%股权，策划以此为基础进军香港经销业。

当时，环顾香港，最具影响力、市场网络最庞大的经销商当数英之杰集团在亚太区的市场拓展（Asia-Inchcape Marketing Business，IMAP），其核心业务是英和商务，前身为具百年历史的和记洋行（John D. Hutchison & Co.）。和记洋行创办于1860年。20世纪60年代，和记重组为和记国际，发展成为一家业务广泛的综合性企业集团。当时，作为和记国际旗下全资附属公司的和记洋行，是一家历史悠久的经营进口及代理销售各种品牌消费品业务的经销公司。1979年李嘉诚收购和记黄埔后，和记洋行已发展至相当规模，与怡和、太古洛士利（Swire Loxley）齐名，成为香港经销代理业务的龙头企业。

1989年，李嘉诚将和记洋行售予英之杰太平洋后，公司改名为"英和商务有限公司"（Inchape JDH Limited）。在英之杰时代，英和商务有了快速的发展，公司总部设在香港沙田，年营业额约10亿美元。这一时期，英和商务已超过怡和、太古洛士利等老牌洋行，成为香港乃至亚太区最大品牌经销集团之一。20世纪90年代后期，由于受到亚洲金融危机的影响，英和商务的经营陷入困境，英之杰决定收缩亚洲业务，将部分非核心业务出售。利丰经销看中时机，于1999年1月与英之杰达成收购协议，以11.62亿港元的价格，收购英之杰旗下的新加坡上市公司英之杰市场拓展（Inchcape Marketing Services Ltd.，IMS）及其全资附属公司英之杰集团亚太区市场推广业务（IMAP）。该两项业务的核心就是英和商务，业务覆盖亚太地区9个国家和地区，包括香港、内地、台湾、泰国、马来西亚、新加坡、印度尼西亚、菲律宾和文莱等，拥有40个经销中心及先进企业资源管理系统和信息网络设施，聘用超过6 000名员工，其中包括1 800多名市场专家和专业人士，为全球超过300家跨国公司提供代理服务，将产品分销到亚太区20 000个客户手中。此外，还在泰国、马来西亚、印度尼西亚及中国内地拥有一批工厂，生产食品、家居用品及医疗设备等产品，为客户提供合约生产服务。冯国经表示，将借助英之杰长期以来所建立的庞大经销网络，并充分利用集团在泛亚洲市场的综合优势，加强在亚洲市场尤其是中国内地市场的发展。

利丰经销完成收购后，先后制定了两个三年计划，对所收购的业务、管理架构和信息科技平台等展开重组，确定分销、物流和制造为集团三项核心业务。重组完成后，公司改名为"利和经销集团有限公司"（Integrated Distribution Services Group Limited，IDS），下辖三个业务部门，最核心的是利和商务（IDS Marketing），其前身是英和商务（JDH Marketing Ltd.）。该公司作为泛亚地区一家主要消费品分销商，业务以分销快速流转消费品及保健品为主，拥有超过150年的营运经验，在消费品品牌经销方面长期处于领导地位，享誉亚洲地区。另一项业务是利和制造（IDS Manufacturing），其前身"英和制造"是一家拥有超过40年经验的生产承办商，专注于生产食品、医疗药品、个人护理产品及家居用品，曾为900多家跨国公司代理商生产货品，涉及3 000多个世界知名品牌，重组后为逾40家客户制造超过

五、冯氏集团授权品牌营运业务

100 个品牌,主要产品包括食品及饮品、医疗药品、个人护理产品及家居用品等。第三个部门为"利和物流",在亚洲区设有 42 个配送中心及仓库,总楼面面积约 34.82 万平方米,提供总共约 29.5 万个货盘的贮存量。

2004 年 11 月,利丰将利和经销分拆上市。利和经销上市在香港获得热烈反应,公开招股部分录得超额认购 152.7 倍。公司根据回拨机制,将公开发售部分从 1 200 万股增至 6 000 万股;国际配售则从 1.08 亿股减至 6 000 万股,发行价定为每股 3.50 港元,集资 4.2 亿港元,主要用于加强集团在香港及内地的物流、经销等核心业务,以及在亚洲区内进行购并以增强集团三项核心业务等。同年 12 月 7 日,利和经销在香港挂牌上市。

利和经销上市后,进入第三个三年计划(2005—2007 年)。利和制定"把 2004 年度纯利倍增"的战略目标,并实施"强劲内部增长"和"策略性并购"的双线发展策略,包括与主要客户建立及扩大地区性合作关系,在亚洲区展开多项相关业务的收购,并通过收购物流业务进军美国及英国市场。其中,在中国内地的经销网络取得可观发展,共设有 18 间能开出发票及直接向零售商分销品牌产品的办事处,分销范围遍及全国 150 个城市,接触超过 10 000 个现代零售点。2007 年,利和经销的营业收入达到 12.96 亿美元,比 2004 年增长 1.22 倍;纯利 2 815 万美元,是 2004 年的 2.6 倍,比公司的三年计划目标"把 2004 年度纯利倍增"(即至少达 2 110 万美元)高出 33%。

踏入 2008 年,由于受到美国次贷危机引发的全球金融海啸的冲击和影响,利和经销的业务发展遭遇困难。不过,由于公司亚洲业务表现强劲、美国及英国收购项目全年入账所带动,当年利和经销的营业收入仍较 2007 年增加 30.0%，达到 16.80 亿美元，但盈利则下跌 11.5%。2009 年，公司的美国、英国以至部分亚洲客户的生意额减少，全年营业收入为 18.02 亿美元，轻微增长 7%；但由于成本控制得宜及效率提升，核心经营盈利强劲回弹，大幅增长 20.4%至 2 525 万美元。

2010 年，为了配合集团在全球的品牌经销业务的发展，以形成协同效应，利丰贸易决定私有化利和。8 月 10 日，利丰贸易发表通告宣布，将按照协议安排以每股 21 港元的价格私有化利和经销。利和停牌前股价为 15.42 港元，即收购价约有 36.19%的溢价。利和股东可以选择收取每股 21 港元，或者每股收取 0.585 股利丰（494）新股，整项交易涉及金额近 44 亿港元。10 月 7 日，利和经销召开股东特别大会，私有化议案获得大比数通过。利丰贸易表示，私有化利和，将使集团在美国及欧洲批发业务取得的成就再次在亚洲（特别是中国）发扬光大。[①] 利丰贸易指出："本公司于美国或欧洲之业务使利和之规模大幅扩大，并可接触更广泛客户基础。此为利和带来更多交叉销售机会，更高之营业额增长，并提高美国或欧洲仓库之使用率。"[②]

利丰贸易私有化利和经销后，即以此为基础成立全资附属的利丰亚洲公司。原利和公司中的利和物流单独分拆为利丰物流，由利丰贸易直接管辖，分销及制造则成为利丰亚洲的两大主要业务。其中，利丰亚洲的品牌分销业务包括三部分，一是原来利和时期分销的快流消费品，二是利和时期分销的医药、化妆品，三

---

① 参见《利丰有限公司按照协议计划以私有化形式收购利和经销集团有限公司章程》，13 页，2010 年 8 月 27 日。
② 同上。

是新增加的服装品牌的分销。利丰贸易计划以利丰亚洲为平台，将公司所代理的美欧服装品牌带入亚洲市场，特别是中国内地市场。

▍利丰美国、利丰欧洲与利标品牌分拆上市

长期以来，利丰贸易在全球供应链管理中的薄弱环节，是在岸品牌经销。收购英之杰亚洲区市场业务后，利丰贸易在亚太区有了业务发展平台，但在欧美市场仍然是"空白点"。而在这方面，利丰贸易其实拥有发展的强大优势，利丰与美国经销商长期以来已经建立起深厚的商业合作关系，本身更具备强大的全球供应链管理能力，这些美国客户对利丰有信心，都希望利丰能够进而代理他们的品牌分销。为此，利丰贸易成立全资附属公司利丰美国，总部设在美国纽约，专责实施与登陆美国的"本土策略"相关业务。

利丰贸易登陆美国的"本土策略"涵盖三类业务，包括专卖品牌（Proprietary Brand）、自有品牌（Private Label）和特许品牌（Licensing Recognized Brand），其核心内容就是发展美国本土品牌分销业务，从而巩固和拓展利丰贸易的核心市场。这一策略背后的战略考虑是："首先，通过为零售客户提供更多服务并提高价值链功能，可以收取更高的服务费并提升边际利润，因为设计与品牌管理服务的利润比采购外包高出一倍。其次，利丰贸易在香港的总部与其最大的美国客户相距太远，登陆美国的本土策略可使利丰贸易与顾客的距离更接近，关系更密切，当顾客开始规划他的新业务时，便会想到利丰。再次，业务身处美国会最

快得到信息，利丰贸易可以快速地反应并应对所有可能对业务有影响的变动。最后，利丰登陆美国，可以打入美国的进口市场。利丰贸易注意到美国的进口市场存在巨大的机会。很多分销商及中介公司通过利丰采购产品在本土出售，既然如此，利丰贸易只要建立美国的本土业务，便可以直接为零售客户提供包括设计、制造和物流的一站式供应链。"①

2005—2009年间，利丰贸易美国先后收购了三家主要卡通人物特许权公司，包括 Briefly Stated Holdings, Inc.、American Marketing Enterprises Inc. 及 Wear Me Apparel LLC（以 Kids Headquarters 为名称经营业务）。这三家公司均为从事睡衣服装设计、市场推广及销售的老牌公司，共拥有超过150个卡通人物的特许权，包括 Hello Kitty、Angry Birds 及多个属于迪士尼及华纳兄弟的产权。这些收购为公司在美国建立卡通人物业务奠定了基础。2007年及2009年，公司先后收购了自营女装品牌设计及市场推广的领导者 Regatta (U.S.A.) LLC 的资产（包括 Daisy Fuentes 和 Sofia Vergara）及 Wear Me Apparel LLC 的全部资产，后者为美国著名的青年男装及儿童服装设计公司、经销商及零售商。2010年，公司订立男士时尚服装 Sean John 的特许权安排。这些收购建立了公司品牌服装的业务基础。

与此同时，2006—2010年间，利丰美国着手建立公司的手袋及配饰业务，包括2006年 Rosetti Handbags & Accessories, Ltd. 收购了女士手袋、银包及相关配饰的首个自有品牌 Rosetti；2008年通

---

① 利丰研究中心：《供应链管理：香港利丰集团的实践》，2版，117页，北京，中国人民大学出版社，2009。

过收购 Van Zeeland，Inc.，从而拥有了 Kathy Van Zeeland、B. Makowsky 及 Tignanello 等女士手袋、银包及相关配饰品牌等，使公司成为了美国领先的手袋供货商。2011 年，公司通过收购美国的百年品牌老店 Fishman & Tobin，进军男孩服装、男孩及女孩校服以及男孩运动服市场。同时，收购了一家专注于以 Erica Lyons 及 Daisy Fuentes 等品牌从事人造首饰及配饰设计、市场推广及分销的公司——Crimzon Rose International，并收购了 Ely & Walker 品牌，从而扩充了公司的男士时尚服装业务。[①]

登陆美国的"本土策略"在初期取得了成功，业务发展快速。截至 2010 年底，利丰美国代理经销的品牌已多达数百个，产品包括服装、鞋类、童装、小皮具、家纺（床上用品）等，业务量约占利丰贸易总业务量的 1/4。更重要的是，将利丰集团经营的供应链管理从过去的采购环节拓展到经销环节，使利丰贸易的业务进一步迈向高增值领域。

自 2008 年开始，利丰贸易将登陆美国的"本土策略"复制到欧洲本土，并成立利丰欧洲，总部设在英国伦敦。2010 年 2 月 26 日，利丰欧洲宣布收购英国成衣制造商 Visage 集团，以使公司在发展最为迅速的欧洲市场进行扩张。Visage 集团是一家英国自有服装品牌生产商，客户包括英国顶尖的高级及大众化零售商，总部设于英国曼彻斯特，并于香港、上海、广州、达喀尔及德里设有办事处，在英国、孟加拉、印度、中国香港和内地拥有 500 位员工。Visage 集团在男士、女士及儿童服装的设计及产品发展方面，拥有卓越的专长及能力。利丰欧洲以 1.73 亿英镑

[①] 参见《利标品牌有限公司上市档》，35～36 页，2014 年 6 月 26 日。

(20.76亿港元或2.64亿美元)的代价收购Visage集团。利丰欧洲表示,Visage将"为在欧洲未来的发展提供一个实质性的平台,以及相适应的基础条件","收购事项将使本集团显著扩展目前的营运规模,及在建立具规模的欧洲本土业务上,进一步落实集团的目标"。2011—2013年间,利丰欧洲又先后收购欧洲的领先卡通人物商品供货商TVMania,欧洲婴儿、儿童及女装批发商Fashion Lab,儿童美容产品的主要卡通人物特许权持有人Added Extras LLC及Lotta Luv LLC,以及意大利服装公司SI-CEM International。这些公司各自均与主要特许权拥有者如迪士尼及Sanrio建立了关系。通过这些收购,集团在北美、欧洲及亚洲持有逾350个卡通人物特许权。

经过数年发展,美欧本土业务已成为利丰贸易业务发展的一个重要支柱。2010年,利丰贸易的美国及欧洲的本土业务营业额分别达26亿美元和11亿美元,占公司年度营业总额1 241.15亿港元(约合159.12亿美元)的16.34%和6.91%,即本土业务约占利丰贸易营业总额的1/4左右。不过,利丰贸易收购美国、欧洲大批授权品牌业务及私有化利和,令公司的经营范围从过去较单纯的采购贸易,拓展到分销、物流等方面。因此,2014年,利丰觉得时机成熟,决定将集团内从事服装及相关产品品牌经销的业务分拆上市。利丰贸易表示,将品牌经销业务分拆后,利丰将回复私有化利和前的经营模式,将业务集中于采购和物流,为批发及零售客户提供采购及物流服务。

新公司在利丰美国、利丰欧洲及利丰亚洲的品牌服装业务基础上组建,被命名为"利标品牌集团有限公司"(Global Brands Group Holding Limited),主要业务是在美洲、欧洲及亚洲区经营全球领先的服装、鞋类、时装配饰及相关时尚产品,这些品牌包括授权品牌和拥控品牌两大类,分别约占营业额的80%和20%左右。利标共拥有超过350个授权品牌的活跃特许授权、10个活跃的拥控品牌及超过100个管理品牌。其中,拥控品牌包括Frye及Rosetti等多个著名品牌。Frye品牌创立已超过150年,是美国一个历史悠久的传统品牌,拥有擅长生产优质皮革制品的信誉。1994年以来,Rosetti品牌一直以合理价格推出具时尚风格及设计师特色的手袋系列,以销量计是美国领先手袋销售商之一。

利标利用自身在产品设计、市场推广及品牌管理方面的专业知识,以公司旗下的授权品牌及拥控品牌创造产品,再将产品售予零售商并从中赚取收益。公司的客户则主要来自美洲、欧洲及亚洲地区的零售商,包括诺德斯特龙百货公司(Nordstrom)、梅西百货公司(Macy's)、科尔士百货公司(Kohl's)、杰西潘尼百货公司(J. C. Penney)等百货公司,沃尔玛(Wal-Mart)及塔吉特(Target)等大型超市连锁店、廉价零售商、独立连锁店、专卖零售商,macys.com及calvinklein.com等客户与品牌的电子商务渠道,以及amazon.com及zappos.co.等独立电子零售商等。2013年,公司的营业额为32.88亿美元,比2008年的28亿美元增长了18%。其中;85%来自美国市场,另外15%来自欧洲、亚洲等其他市场。

利标总部设在香港,在全球各地设有超过50个办事处和陈列室,其中,在美国的办事处设在纽约,为高级管理层、产品设计与开发及多个主要陈列室的所在地;在欧洲的主要办事处设于英国伦敦;在亚洲(不包括香港)的主要办事处设在中国上海。公司的财务、订单流程管理及信息科技等主要全球性业务支持职能，以美国北卡罗来纳州格林斯伯勒市为基地，在欧洲的支持办事处位于德国蒙海姆，在中国内地的支持办事处则位于广东番禺。公司员工为3 000人。①

在上市文件中，利标强调，公司的竞争力源于以下方面：授权品牌产品组合广阔，与在多个产品类别及地区的特许权拥有者保持稳固关系；成功打造拥有重大发展机遇的拥控品牌产品系列；广博的品牌管理专业知识；全球性的品牌平台使公司能够优化每个品牌的类别扩展、市场覆盖版图和经济规模；创新的设计和开发能力；建立多年的高质量全球供应网络；以及经验丰富的管理团队。利标表示，上市后公司的策略重点，将包括进一步打造授权品牌产品组合；通过扩大业务版图地域，特别是亚洲的业务版图，来扩大品牌平台；扩大包括电子商务在内的经销渠道；增添额外产品类别的能力以扩大品牌平台；以及充分把握和利用分拆带来的管理重点及业务营运合理化等。

2014年5月，利丰贸易宣布将以介绍形式将旗下利标品牌集团有限公司分拆在香港联交所上市，并委托高盛、花旗银行和汇丰银行为联席保荐人。7月9日，利标品牌挂牌上市，当日收市价为1.8港元，成交金额达14.1亿港元。利标品牌副主席兼行政总裁乐裕民表示："预计在未来5至10年内，（我们的）品牌业务可以有2至4倍的增长。"利标表示："展望未来，无论在通过与品牌拥有人合作或在集团已拥有的品牌上，我们均继续致力于将大众化奢侈品市场中的顶尖美国实力品牌带入全球市场，巩固我们的领导地位。""随着业务持续增长及加强，我们的首要策略重

---

① 参见《利标品牌有限公司上市文件》，50~51页，2014年6月26日。

五、冯氏集团授权品牌营运业务

点之一是扩展我们在全球业务的覆盖范围。我们已于美国建立了一个领先的平台，在可见将来将继续是我们最大的业务市场。我们深信集团可将美国已取得的成功扩展至欧洲及亚洲地区。"

2014年3月，利丰有限公司宣布拟将旗下品牌及授权业务分拆上市，同年7月9日，利标品牌有限公司在香港联交所主板挂牌上市

六、从利丰到冯氏：转型与拓展

过去十年来，全球的经贸环境及商业发展模式发生了深刻的变化：先是2008年美国次贷危机引发了全球金融海啸，因应形势发展美国总统奥巴马宣布制定制造业出口五年倍增计划，推动美国制造企业重回本土发展；继而是欧洲国家爆发持续的主权债务危机，欧元区经济持续陷入低迷及不景气之中，国际出口市场增长明显放缓。与此同时，全球电子商务快速崛起，对传统商贸业务的发展构成了冲击；跨国公司在国际市场的争夺更趋激烈；而作为世界经济增长"火车头"的中国经济则进入了增长从高速转向中速发展的"新常态"。这些翻天覆地的变化，对冯氏集团的业务发展构成了影响。然而，有"危"就有"机"。面对冲击，冯氏集团及旗下各公司沉着应对，顺势而为，积极推动业务的转型和拓展，创新供应链管理，取得了新发展。

从利丰到冯氏集团的发展

利丰公司的名称，是由它的两位创办人冯柏燎与李道明，从自己的名字各取一字组成，即由李道明的"李"和冯柏燎的"冯"

两字的谐音——"利"与"丰"组成，寓意"利润丰盛"，英文名称则为"Li & Fung"。1946年，利丰由冯氏第二代接手，李道明退出利丰，但利丰公司并没有更换公司名称。这种做法当时在国外并不常见。香港著名的英资洋行太古公司，1867年在上海创办时，公司英文名称为 Butterfield & Swire Co.，以反映巴特菲尔德和斯怀尔两个家族的合作关系。后来，巴特菲尔德家族退出公司，公司英文名称改为 John Swire & Sons Ltd.。不过，冯氏家族并没有这样做。

不过，踏入21世纪后，随着集团各项业务的发展，特别是从事采购业务的上市公司利丰有限公司，与集团的其他业务，即由利丰（1937）有限公司所统领的整个集团其他业务，在名称上给外界造成一定的混淆，这在某种程度影响整个集团的发展。为了进一步厘清整个集团和上市公司利丰有限公司的业务关系，经过慎重考虑，集团决定：从2012年8月1日开始，总部设在香港、核心业务涵盖全球消费品市场的整个供应链管理的各个环节（包括采购、分销、零售和物流）集团控股公司——利丰（1937）有限公司，改名为"冯氏控股（1937）有限公司"，因而，整个集团亦相应地改组为"冯氏集团"（Fung Group）。而冯氏集团旗下最主要的上市公司——利丰有限公司的名称则维持不变（见图2）。

冯氏集团主席冯国经表示："（实施这一策略）最主要的考虑，就是要消除外界，特别是国际商界对利丰有限公司和利丰集团业务之间的混淆，以利于推动整个集团各项业务的进一步发展。除了从事采购的利丰有限公司以外，其余的各个公司均以冯氏集团为统领。"实际上，国际间有很多知名企业都有过此种经历，例如1998年德国戴姆勒-奔驰汽车公司和美国三大汽车公司

六、从利丰到冯氏：转型与拓展

冯氏控股（1937）有限公司
私人全资拥有及冯氏集团主要股东

贸易
集团的贸易及物流业务由利丰有限公司主理。利丰是专为世界各地的零售商和品牌致力提供消费品设计、开发、采购及物流服务的知识企业，通过遍布超过40个国家的15 000家供应商所组成的环球采购网络，专为付货期短且大量生产的消费品提供可持续供应链管理；同时亦为客户提供贴身的物流方案，从仓储管理、运输管理、再包装及清关，以至货运、物流枢纽及整合、订单管理和其他增值服务等等。

物流

分销
集团为品牌服装及相关时尚产品提供的分销服务由利标品牌有限公司经营。利标品牌为多元化的品牌客户提供商品设计、开发、推广及销售服务，使其在全球开展新机遇及产品类别，以及为品牌做全球性的市场拓展。

零售
集团的零售业务由冯氏零售集团有限公司统筹，旗下包括上市公司利亚零售有限公司、利邦控股有限公司，以及私营业务利时控股有限公司、利童（控股）有限公司、玩具"反"斗城（亚洲）业务、Suhyang Networks 及 UCCAL Fashion Group。

- 利丰有限公司（于香港联交所上市）
- 利标品牌有限公司（于香港联交所上市）
- 冯氏零售集团有限公司（私营业务）
  - 利亚零售有限公司 / 利邦控股有限公司（于香港联交所上市）
  - 利时控股有限公司：利童(控股)有限公司、玩具"反"斗城(亚洲)业务、Suhyang Networks、UCCAL Fashion Group（私营业务）

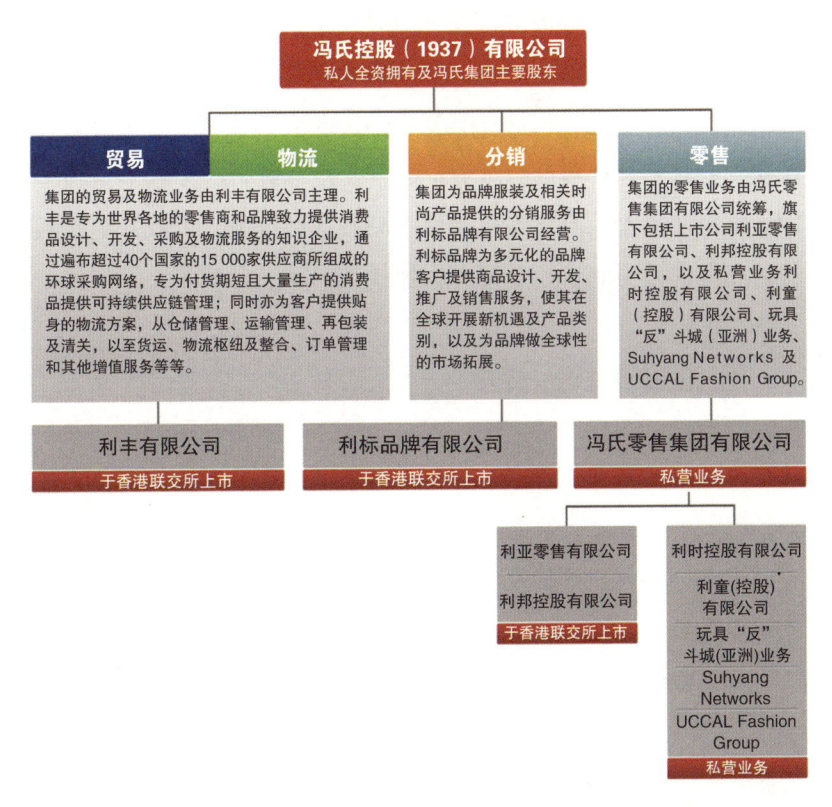

图 2　冯氏集团的组织架构

之一的克莱斯勒公司合并，就改名为"戴姆勒-克莱斯勒公司"，2007年德国戴姆勒与美国克莱斯勒合作结束，戴姆勒-克莱斯勒公司又再次更名为"戴姆勒股份公司"。当时，就有评论指出："企业在发展过程中的不同阶段，需要根据不同情况进行与时俱进的调整，从而给相关的股东和利益集团更清晰的认识，以获得更多的信心与支持。"①

---

① 黄荣：《利丰改名背后》，载《中国商界》，2012-09-10。

当然，有评论也指出，改组为冯氏集团以后，"似乎家族企业味道浓了"。对此，集团主席冯国经表示，家族化没有什么不好，他们的哲学是，利丰有限公司是公众上市公司，上市公司往往受到股东和社会舆论的压力，需要交出业绩，这使它的策略一般从中短期出发。而家族私人公司没有这种压力，可以从更长线的角度考虑公司的长远发展，从容布局。

■ 企业的代际传承

冯氏集团作为一家百年企业，至今已经历了冯氏三代，不仅打破"富不过三代"的宿命论，而且成功地发扬光大，发展成为现代化跨国集团、全球供应链管理者。当然，作为华资家族企业，冯氏集团仍然面对着一项挑战，就是如何将现有的这套优良的商业经营模式和公司治理模式继续传递下去。与所有华资家族企业一样，接班的问题无疑成为冯国经、冯国纶兄弟需要考虑的最重要问题之一。实际上，早在2001年，冯氏第四代已陆续进入公司工作，在公司的各个部门接受实践的磨炼，并做出令人满意的成绩。

2009年以来，面对全球金融海啸和国际经贸环境的转变，冯氏集团利用具挑战性的这几年，加速进行公司的内部改革和转型。为配合业务架构的重组，2011年5月18日，利丰贸易董事局宣布集团管理层新安排：自即日起乐裕民出任集团总裁及行政总裁，冯国纶出任执行副主席，而冯国经则将于2012年股东周年大会退任公司主席职务，届时冯国纶将接任主席职务。冯国经作为冯氏集团主席，将专注带领其他冯氏家族控股业务进一步发展。同时，配合利丰贸易架构的转变，公司将有九位新升任的总裁负责管理公司旗下贸易、物流及分销业务三个环球业务网络。其中，冯国经的长子、利丰贸易执行董事冯裕钧出任利丰欧洲业务总裁。

当时，集团主席冯国经表示："利丰发展至今的规模，已达至需要一个全新组织架构的阶段。有关安排旨在令利丰可更有效地管理其多元化且发展迅速的环球业务。"并且他明确表示："这次的变动，是为了令利丰日后可以顺利过渡至新一代管理层而做出的安排。"事实上，早在2007年，利丰董事总经理冯国纶在一个公开场合曾明确表示，他与哥哥冯国经都主张精英领导，如果冯家第四代有能力掌管利丰，他们便会是接班人。很明显，这次管理层重组就是要落实有关的战略安排。2014年7月，利丰贸易再次进行业务改组，将公司内从事品牌分销业务，以利标品牌名义分拆在香港上市，由利丰总裁乐裕民出任利标品牌副主席兼行政总裁；乐裕民同时辞去利丰贸易行政总裁职务。利丰贸易总裁职务则由公司执行董事冯裕钧接任，主管公司全面业务。至此，冯氏第四代正式站出公司的前台。

冯裕钧现年42岁，早年赴美国深造，先后获得美国哈佛学院文学学士、东北大学会计硕士学位及工商管理硕士学位，并获得美国注册会计师资格。毕业后，冯裕钧曾在普华永道任会计师。其后，在美国硅谷创办IT公司，该公司一度将业务发展到亚洲的韩国、新加坡等国家以及香港和台湾等地区，公司员工亦来自多个国家和地区，从最初的6人发展到150人，堪称微型跨国公司。2001年，冯裕钧返回香港加入利丰，应父亲的要求从业务采购员做起，一做就是两三年。冯裕钧后来回忆说："以我之前的工作经验，我

冯氏第四代——冯国经的长子冯裕钧

本来可以担任公司较高层职位，但我是从基层做起。这几年虽然很辛苦，但使我对公司业务有了深入的认识，获得宝贵的实践经验和员工的认同。（父亲的）这个决定非常好！"冯裕钧先后在成衣、硬货等部门任职，既在一线又在后勤工作，并从香港转到美国、欧洲等地，熟悉了公司业务的各个环节。

2008年，冯裕钧出任利丰贸易执行董事，负责欧洲业务。2009年，全球金融海啸爆发。当时，恰好碰到公司在欧洲的一个主要客户、全球数一数二的德国零售商 Karstadf & Quelle（后改名为 Arcandor）宣布破产。这家公司每年的营业额高达200亿欧元。因此，破产带来的冲击可谓前所未有。尽管利丰贸易只是中间商的角色，但压力都转移到利丰这里。面对危机，冯裕钧与他的团队几个月来无休无眠地工作，包括协助裁员、重组业务，通过从其他供货商转部分订单或贷款以协助这些供货商渡过难关等等，经过半年时间最终妥善处理了危机。

冯裕钧事后回忆说："经过这件事后，我仿佛成长了十年。"他表示："我很幸运，在工作后的20多年间，经历了互联网热潮和泡沫突灭、经历了2003年的'非典'和2009年的全球金融海啸。这些对我来说都是极为宝贵的人生经验。它们也造就了我的个性，现在我每遇到困难就更有活力和干劲，我知道它们会给我带来更多的人生经历和经验。"冯裕钧于2010年出任利丰欧洲总裁，主管欧洲品牌分销业务；2012年出任公司营运总监，负责公司的环球基础设施工作；2014年出任利丰贸易行政总裁。经过13年的磨炼，冯裕钧开始从父辈们的手中逐步接过家族企业的接力棒。

对此，冯裕钧深感责任重大。他表示："作为家族的第四代，我首要的责任是要传承从曾祖父冯柏燎创业以来所形成的企业文化，包括将公司视作一个大家庭，具备谦虚、创新的企业家精神等。"他还表示，利丰贸易目前尽管已经属于全球最大的贸易跨国集团之一，但所占全球市场份额仍很小，仅为5％，因此，公司仍然有庞大的发展空间，对此他抱有充分的信心。冯裕钧表示，要把自己的知识、经历（会计、IT、传统市场、新兴市场），和父辈们（父亲冯国经、叔叔冯国纶及其团队）的丰富管理经验，很好地结合起来，将传统的经营业务融入新的理念、新的技术、新的创新，在进一步发展已有优势业务的同时，积极开拓新业务、新市场。同时，要进一步简化公司结构，使之既能保持大公司的规模，又能拥有小公司的灵活性、创新性，从而将公司业务推向新的发展阶段，创造出新的业绩。

2012届管理培训生于上海H：Connect店铺进行有关内地零售的分享

2011届管理培训生于香港外展训练

为了顺利实现企业的代际传承,冯国经、冯国纶兄弟看得更远。在 2010 年,就启动了一项名为 PMD(Program for Management Development)的项目,冯国经称其为集团的"黄埔军校"计划。该项计划着眼于冯氏未来的长远发展,为冯氏建立人才库,目标是通过培训建立公司未来发展的人才梯队,这些人才必须有国际视野,深刻了解世界贸易营商环境,并且熟悉冯氏各个业务环节,包括采购、经销、零售和物流等业务,可以胜任集团全球各地的分公司的管理业务,迎接不同的挑战。该计划在全球招聘学员,标准是这些人必须有企业家精神,认同冯氏企业文化,并且在不同行业有 3～5 年的实践工作经验。2010 年,PMD 项目从全球 1 300 个申请者中挑选了 43 位为第一期学员。目前,PMD 的项目已进行了六年,先后培训出 128 位学员,其中 86% 都选择留在集团工作。这项高瞻远瞩的计划,反映了冯氏的掌舵人已开始为集团未来几十年的可持续发展早做准备。

接班问题历来是全球华商家族企业能否可持续发展的关键环节。成功接班并将家族事业发扬光大的冯国经、冯国纶兄弟深明此中道理。目前,冯氏兄弟正值盛年,然而他们已以高瞻远瞩的眼光和谋略,为冯氏集团能够顺利过渡至新一代管理层,为集团的长远发展未雨绸缪,铺路搭桥!

■ 应对挑战:转型拓展、创新供应链管理

面对 2009 年以来国际经贸环境的大变化,冯氏与时俱进,沉着应对挑战,积极推动集团旗下各公司业务的转型和拓展,创新供应链管理模式:

第一，积极推动采购贸易业务及组织架构的转型与重组，通过 DMS（设计—生产管理—服务）系统推进商业生态化经营。

2009 年全球金融海啸之前，利丰贸易的经营业务获得持续、快速的增长。据统计，1992 年公司上市当年，利丰贸易的营业额为 5.29 亿美元，到 2011 年增长到 200.3 亿美元，即 19 年间增长了 36.86 倍，年均增长率高达 21%；同期，利丰贸易的核心经营溢利从 1 900 万美元增加到 8.82 亿美元，增长了 45.42 倍，年均增长率高达 22%，可以说创造了一个商业奇迹（见图 3）。① 这一

营业额

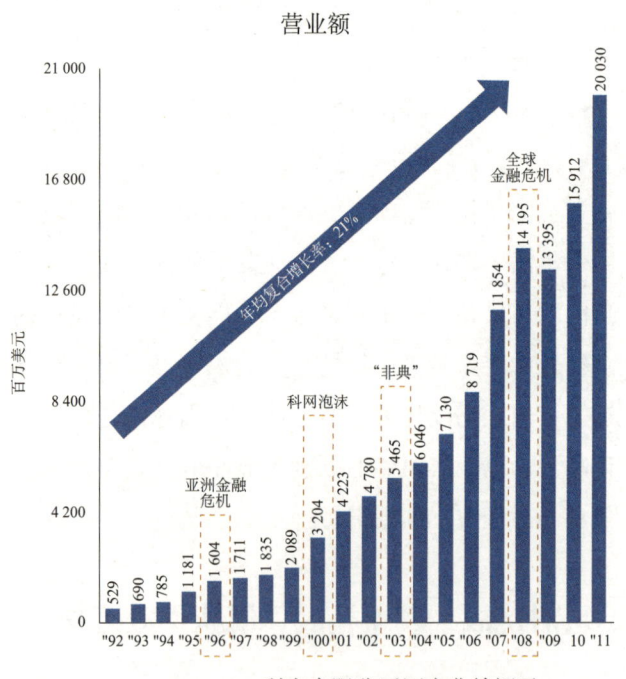

a. 利丰有限公司历史业绩记录

---

① 参见 Paul H. Healy, Keith Chi-Ho Wong, *Three-Year Planning at Li & Fung Limited*, Harvard Business School, May 14 2014, p. 22.

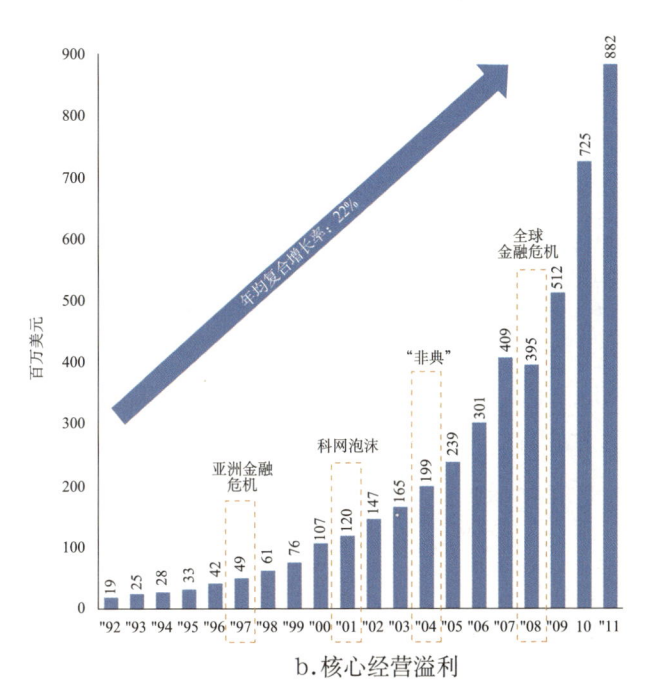

图中数据(百万美元):
- '92: 19
- '93: 25
- '94: 28
- '95: 33
- '96: 42
- '97: 49（亚洲金融危机）
- '98: 61
- '99: 76
- '00: 107
- '01: 120（科网泡沫）
- '02: 147
- '03: 165（"非典"）
- '04: 199
- '05: 239
- '06: 301
- '07: 409
- '08: 395（全球金融危机）
- '09: 512
- '10: 725
- '11: 882

年均复合增长率：22%

b. 核心经营溢利

图 3　1992—2011 年利丰贸易营业额及核心经营利润增长概况

资料来源：哈佛商学院，《Li & Fung 2012》，第 19 页。

时期，随着采购业务的快速增长，利丰贸易进一步拓展供应链管理业务，先后筹组利丰美国、利丰欧洲及利丰亚洲，使集团由原本拥有的一个环球采购网络，发展至包括采购贸易、本土品牌分销业务及物流三个相互连接的全球业务网络，为客户提供涵盖整个供应链的一站式服务。

不过，由于受到 2009 年全球金融海啸的冲击，以及因实施"本土策略"、发展品牌分销业务而对公司整体营运造成的拖累，利丰贸易的增长步伐开始减慢。2011 年 5 月，为应对外部经贸环境转变的挑战及配合公司新业务的拓展，利丰贸易对原有业务架构重组为包括采购贸易、本土品牌分销及物流三大业务的九个部门。这些重组和改革,正如《利丰有限公司2010年年报》所指出的:"完成可能是公司历史上最复杂的改组,为新三年业务发展计划的高速增长做准备。"① 及至2014年7月,利丰贸易将授权品牌分销业务以"利标品牌"名义在香港分拆上市,令公司业务回复较为单纯的采购和物流两大类。商业营运模式的简化,使利丰贸易重新将注意力集中到采购等核心业务,进而产生大量现金流并减低波动。

2015年7月,为了因应国际贸易环境的转变,进一步提升公司的业务竞争力,利丰贸易再次宣布业务重组。这次重组的重点有两个:其一,进一步加强和完善对公司核心客户的服务。由于核心客户对公司业务的增长具有举足轻重的影响,而且利丰在这些公司的业务总量中所占比重仍然较低,因此发展潜力很大。通过业务重组,将可进一步发掘这部分潜力。其二,将公司最具增长潜力的、高毛利的三类产品进行业务重组。这三类产品分别为:家私和家居产品、外衣及外套产品、美容及化妆品。通过重组,建立三个垂直式产品管理部门,在强化服务、管理的同时,进一步发展与之相关的供应链上下游业务合作,推进生态化经营,从而争取成为全球同类业务中唯一或首要的服务商。该三个部门由公司总裁冯裕钧直接负责。

与此同时,利丰贸易进一步创新供应链管理,组建以企业为出发点的四维扩展型网络平台,推进商业生态化经营。正如中国人民大学的宋华教授所指出的:"商业生态是供应链商业模式中

---

① 《利丰有限公司2010年年报》之《二零一一至二零一三年业务发展计划》。

决定效益的一个重要因素,其核心在于通过多利益相关者网络的构建,使供应链建立在全面、可持续发展的基础上,形成员工—企业—合作方—社会的均衡发展格局。"① 利丰贸易通过筹建包括集团内部的管理者、外部社会与环境、供应链的供货商,以及供应链面对的客户等四方共同形成的开放型、互动发展的社区,并运用 DMS(Design-Manufacture managing-Service)系统加强对供应链各方的指导和支持,推动商业生态化经营。例如,在面对客户方面,集团以产品设计(包括调研、市场需求分析、风险分析、产能安排等流程化的方案设计)为先导,将包括设计、结构、生产管理、服务等环节在内的完整产业链打通,形成设计与制造相结合的服务模式,以实现客户价值最大化。

在面对供货商方面,利丰贸易在供货商评价和认证、产品开发、生产开发等四个阶段均严格把关,予以指导、管理,以保证供货商质量并强化对核心供货商的支持。公司要求所有供货商和工厂遵照《利丰有限公司工厂评估指引》(*Li & Fung's Factory Evaluation Guide Book*)列出的各项标准,并设有独立的供货商合规部门,每年对供货商进行一次实地考察。同时,集团在全球的 300 家办事处都配备质量和技术等方面的专员,负责对所在地的供货商进行监督和协助,包括原材料采购、生产安排、质量检验等,供货商的产品经过检验合格才能发货。通过这一系列努力,利丰贸易保证供货商能够按时交付合格产品,使客户满意,从而获取更多的订单。为了加强对供货商的支持,2014 年 1 月,利丰贸易成立了一个专责统筹供货商支持服务的部门,以提高公

---

① 宋华:《供应链金融》,78 页,北京,中国人民大学出版社,2015。

司全球供货商旗下的工厂及劳工安全，提升标准及优化营运效率，并将其作为集团在新时期战略发展的重心。

第二，积极拓展亚太区授权品牌经销业务，创建DMSB模式强化授权品牌业务营运。

2005年之前，冯氏集团尽管已建立起其全球供应链管理的网络，但是在采购、经销和零售三个环节，其产品其实并不匹配。其中，采购贸易环节主要经营服装和家居产品等硬货，经销环节主要由利和分销快流消费品，而零售环节则主要由利亚零售经营便利店。过去，冯氏全球供应链管理的相对薄弱环节，是经销、零售等中、下游环节。随着国际经贸环境的转变，特别是授权品牌经营的迅速崛起，冯氏决定将授权品牌经营作为集团未来的业务发展重点。为此，集团将利丰贸易旗下的有关服装及相关产品、家私及家居产品的品牌经销业务，重组为利标品牌分拆上市，从而建立起与采购贸易环节的经营产品相匹配的分销网络和业务发展平台。利标上市后，业务有了进一步的发展。2014年12月，利标品牌与著名球星大卫·贝克汉姆及其业务合作伙伴西蒙·富勒（Simon Fuller）合作，成立合营公司Seven Global，在全球推动Beckham品牌于崭新消费产品类别的发展，并将继续与其他知名的体育及娱乐界巨星以及品牌产权拥有者，打造大型全球品牌。利标上市后的首半年，即截至2014年底的半年业绩，营业额为2 105万美元，核心经营溢利217万美元，同比分别增长7.5%和36.6%。

在快流消费品及食品方面，冯氏集团也有新发展。其中，利丰亚洲在香港、澳门、台湾和内地、马来西亚、菲律宾、泰国及新加坡等亚洲地区经营快流消费品，包括营养品、食品、饮料及零食、个人护理、杂货、家居用品等六大类。冯氏集团认为，未

2014年12月,利标品牌宣布与著名球星大卫·贝克汉姆成立合营公司 Seven Global,在全球推动其个人品牌

来世界市场上最重要的产品就是食品类。随着全球迈向健康生活,食品的安全性(包括原材料的安全性和生产过程的安全性)和质量等,将成为世界各国关注的焦点之一。而随着各国关税的降低,食品将越来越具有世界性的特点。非传统食品更是越来越受到科技发展的影响。因此,冯氏将品牌食品的经营和分销作为未来的增长点之一。为此,冯氏收购了一个新加坡食品牌子"和合"(Woh Hup)。该品牌创设于1936年,至今已有近80年的历史,为新加坡国宝级的牌子,受到新加坡政府的重视,在新加坡博物馆亦有摆设、介绍。该品牌主要生产具南洋风味的各类食品酱料,在新加坡相当有名。冯氏将重点投资这些投资额小、具知名度和安全性、走健康路线的小众食品品牌,并加强与超级市场的合作,使之成为集团的新增长点。

在医药产品方面，冯氏早在利和经销时代已开始经营，当时规模较小。但该业务自 2010 年以来发展很快，分销的地域从香港、内地扩展到泰国、新加坡、印度尼西亚、菲律宾及马来西亚等国家和台湾地区，分销的产品包括生物科技药品、处方药和疫苗以及普通零售药品等。其中，生物科技药品约占营业额的四成，主要包括百特（Baxter）、赛诺菲（Sanofi）和辉瑞（Pfizer）等医药品牌；处方药和疫苗则约占三成半。营业额从 2010 年的 2.21 亿美元增加到 2015 年的 4.45 亿美元，五年间增长了一倍以上；同期，利润从 400 万美元增加到 1 600 万美元，五年间增长了三倍。医药产品分销业务的大幅增长，成为公司分销业务的亮点之一，这反映出亚洲地区的经济发展方向——生活质量改善及人口老化。

冯氏的授权品牌分销业务，包括了服装及其相关产品、家私及家居产品、快流消费品及食品、医药及化妆品等四大类授权品牌产品。为了强化授权品牌营运，集团创建了供应链管理新模式——DMSB 模式，即设计（Design）—生产组织管理（Manufacture managing）—服务（Service）—品牌营运（Brand Operations）。这一模式与冯氏旗下的利丰贸易作为采购贸易商实施的 DMS 模式，最大的差异在于"D"和"B"。在 DMSB 模式中，D 的含义更广，因为授权品牌营运，除了产品设计、流程设计外，更重要的是品牌的竞争力塑造，包括品牌的市场定位、品牌的创造力、品牌的文化内涵等等，因而是更全面、更系统化的设计。另外，模式中的 B，强调的是"品牌营运"的重要性。过去，利丰贸易作为采购贸易商，主要经营采购、生产管理、分销及物流等业务，品牌营运和销售网络拓展主要由客户自己管理。但在授权品牌营运模式下，冯氏的供应链管理延伸到品牌营销环节，冯氏除了强化品牌塑造、宣传推广之外，还根据市场需求积极加强商品销售规划管理（Merchandising Management），根据每个品牌的目标客户进行品牌定位、店铺布局和店铺形象设计等。DMSB模式的实施将强化集团授权品牌业务的营运。

第三，在泛亚洲地区搭建品牌零售业务平台和销售网络，致力于发展成为"亚洲零售市场的先行者"。

冯氏全球供应链管理的另一个问题，是零售环节的业务规模较小，而且从事的产品业务与采购贸易也不匹配。为了推动相关业务的发展和转型，冯氏成立了专门统领零售业务的"冯氏零售集团有限公司"。集团主席冯国经表示："全球未来消费增长最强劲的市场将会是亚洲，冯氏零售未来的业务发展将专注于亚洲的消费者。"冯氏零售的目标，是要成为"亚洲零售市场的先行者"。

早期，冯氏集团的零售业务主要是旗下的上市公司利亚零售和玩具"反"斗城亚洲，主要从事非服装类的便利店、饼屋连锁店业务，以及玩具零售业务。从2006年开始，集团开始将发展零售业务的重点集中到服装及相关产品方面。同年4月，冯氏通过家族投资基金，收购香港万邦制衣厂有限公司旗下的中高档西服的批发零售业务，并注册为"利邦控股有限公司"。收购后，集团即对利邦展开业务重组，包括：中止原有中档品牌产品的经营，将业务集中在数个高级至奢华的国际男士服装品牌，并注重品牌发展；实施轻资产业务发展模式，重整旗下品牌的供应链管理，加强中央基础设施建设；以及提升企业文化，加强员工培训等。重组后，利邦确立了作为"纯奢侈品牌零售商"的发展定位，

2009 年 11 月利邦在香港上市

Kent & Curwen 澳门四季酒店分店

伦敦萨佛街 1 号的 Gieves & Hawkes 分店

Cerruti 1881 澳门银河分店

并致力于发展为"专业、成长主导的行业领导者"。①

2009年11月利邦在香港上市后,公司业务取得了瞩目的发展。目前,利邦以香港为总部,拥有 Kent & Curwen、Gieves & Hawkes、Cerruti 1881 等三个国际著名的高档男士服装品牌,在内地、香港、澳门、台湾以及欧洲等地区,经营逾450间大中华区高级商场及百货公司内的零售店铺。利邦已发展成为大中华地区领先的高档男士服装零售商。2015年9月,利邦宣布与著名足球明星大卫·贝克汉姆签订五年独家协议,旗下品牌 Kent & Curwen 将与贝克汉姆合作,推出由贝克汉姆个人魅力所演绎的全新系列产品及营销策略,并在内地和全球其他市场开设新的旗舰店和电子商务网站。该消息一出,旋即刺激利邦股价当日上涨60%。

冯氏零售又先后通过收购兼并,相继筹组 UCCAL、利童(控股)有限公司、利时控股有限公司,以及 Suhyang Networks 等,从而在大中华、东南亚及韩国等泛亚洲区建立了一个广阔的服装零售网络和业务平台。其中,UCCAL 主要从

利时其中一个品牌
Hang Ten 台北西门町
汉中分店

---

① 《利邦控股有限公司全球发售书》,66页,2009年10月21日。

事高档女装及男装等轻奢侈品的零售业务，代理的品牌主要有 St. John（成熟女性的高档时装）、a. testoni（高档男装及皮鞋）、Jockey（高档内衣裤）等，公司并将代理著名的保时捷服装及相关产品的销售。UCCAL 总部设在上海，在中国内地城市设有约 90 间店铺。利童（控股）为一家儿童服饰的连锁店集团，为 0～14 岁的儿童提供名牌精品童装、鞋履及配饰等。目前在香港、新加坡、马来西亚及文莱等地经营美国知名品牌 Stride Rite，同时在内地、香港及澳门经营 toonsland 童装及配饰的零售业务，在亚洲区设有 700 间连锁店铺。利时控股则主要经营时尚休闲服装及配饰，代理的品牌主要有知名休闲服品牌 Hang Ten、Roots、Arnold Palmer，韩国快速时尚品牌 H：Connect 及时尚男装品牌 LEO 等，在大中华市场、韩国、东南亚及其他地区共经营逾 1 000 间自营店及特许经营店。

第四，面对电子商务快速崛起的冲击，积极发展全渠道销售新模式，并通过成立"利程坊"实验店及合资公司等形式，探索集团未来零售业务的新模式。

过去五年来，对传统商贸行业影响最大的莫过于国内外电子商务的快速崛起，在中国内地尤其如此。2014 年，中国网络零售交易额达到 2.79 万亿元人民币，同比增长 67.8%，占当年社会消费品零售总额的 10.6%。中国网络零售交易额已跃居全球第一。在电子商务服务业发展过程中，电子商务平台是起步最早的环节，在解决了信用、支付、物流对网上支付的影响等问题后，电子商务平台实际上已引领了电子商务市场的发展。其中的佼佼者以阿里巴巴、淘宝、京东、亚马逊等为代表。2014 年，中国的电子商务取得了突破性的发展，聚美优品、京东、阿里巴巴等相

利童其中一个品牌 Petit Bateau 成都万象城分店

继上市,尤其是阿里巴巴在美国上市,创造了迄今为止全球 IPO 融资额的最高纪录,成为全球资本市场关注的焦点。

　　在电子商务快速崛起的同时,传统消费者的消费习惯也相应发生深刻的变化。随着对网络和电子移动设备使用的普及化,越来越多的消费者倾向于预先进行消费前的咨询,对产品性价比的要求越来越高,消费意识更趋理性。与此同时,消费者更重视对品牌产品的消费,随着中国国门的进一步开放,越来越多的消费者通过港澳游、出国游、跨境电子商务平台去购买外国品牌产品。可以说,电子商务的快速发展以及消费者消费习惯的改变,正从供应和需求两个方面对传统的分销、零售等商贸行业形成挤压和冲击。

　　面对冲击,冯氏集团积极采取各种措施应对。事实上,冯氏对此早已未雨绸缪。早在 2000 年,利丰贸易已与美国互联网创业公司 Castling Group 合作，成立 lifung.com，开设在线 B2B 交易市场。2010 年，利丰贸易再成立 B2B 网上交易平台——购易（www.cyberbuy.com）。近年来，为了应对电子商贸的挑战，冯氏集团旗下各公司纷纷积极发展在线销售业务。例如，利时控股旗下的 H：Connect 于 2014 年第一季在台湾 YAHOO！开设在线商务渠道，在短短一年间就成为该网络上最重要的品牌之一。2015 年 3 月，该品牌自己的电子商务平台——H：Connect.com 正式启动。利亚零售的圣安娜饼屋亦于 2015 年分阶段推出电子商务平台，包括整合多个不同的平台及系统，如计算机版网页、手机版网页、iOS 及 Android 手机应用程序、内容管理系统（CMS）、客户关系管理系统（CRM）及多个现有系统（如 ePOS 系统、总部系统、会计财务系统等），为顾客提供 24 小时网上咨询及订购服务，并通过全新电子商务平台推出电子会员卡及多项电子优惠（包括 eDollar 及电子优惠券）等，推出后将成为首间推出电子会员计划的西饼面包连锁店。冯氏零售旗下各公司也先后与京东、天猫的电子商务平台合作，建立在线商店，并着手建立自己的电子商贸平台。集团主席冯国经表示，集团在未来的三年计划内，将致力于使网上业务占总业务量的比重达到 20%。

利丰董事局主席冯国纶表示，电子商务从 2000 年起步，到 2010 年以后起飞，对传统零售业确实构成很大的挑战。这对集团业务确实造成一定的冲击，但从中也酝酿着相当大的商机。从发展趋势看，在线的网商正开始向线下发展，而传统的实体店也正积极向在线开拓，将来的发展趋势必然是线下线上结合的全渠道经营的模式，即 O2O 的模式发展。在这个过程中，冯氏因拥有强大的全球性供应链管理网络以及庞大的实体店网络，若结合自身建设的在线咨询平台和陈列室，无疑将具有相当大的战略优势。目前，冯氏集团正积极推进授权品牌的全渠道经营（Omnichannel Retailing）策略，通过实体店的发展、利用互联网拓展电子商务平台、构建品牌社区、实施移动商务和移动营运管理等，构建全渠道经营体系。

为了推动集团经营向O2O全渠道发展，2015年5月，冯氏在上海华东总部设立实验店——利程坊公司，将冯氏零售旗下的多家公司品牌，包括Toonsland、Stride Rite、Hello Kitty、Petit Bateau、Disney、KidsHQ、Jockey以及玩具"反"斗城和利丰亚洲的快流消费品等，集合在一起，通过线下线上的结合，并配以玩乐、灵感、创意、动手、发表等相应的活动场地，旨在为企业与消费者之间创造对话及交流，以塑造一个互动时尚的购物体验。在启动仪式上，集团主席冯国经表示："今天的零售品牌需要通过试验，需要更贴近消费者，以了解消费者的真正需求，并提供相应的产品和服务。利程坊将会通过不同的试验协助品牌，以探索未来中国消费者的零售模式。"利程坊项目总监西米恩·派塞基（Simeon Piasecki）表示："利程坊充分展示了冯氏集团致力于培养以消费者为中心的实验创新文化。"

2015年8月，冯氏零售集团与美国梅西百货集团合作，成立独立合资企业——梅西百货（中国）有限公司，其中，冯氏零售占35%股权，梅西百货占65%股权。梅西百货为美国顶尖的零售集团之一，总部设于美国辛辛那提及纽约，在美国45个州及哥伦比亚特区、关岛、波多黎各等地共经营约885间零售店铺，并经营macys.com、bloomingdales.com及bluemercury.com等网站。梅西百货自2011年起开始在中国及全球约100个国家开展海外销售，在2014年开始与阿里巴巴开展多个项目的合作，并取得成功。冯氏零售与梅西百货计划通过梅西中国，在阿里巴巴旗下第一销售网——天猫国际启动电子商务销售试点，探索及进军中国电子商务市场。梅西中国总部设在香港，计划将在未来18个月投资2 500万美元，为中国用户带来丰富的国际网购商品。梅西中国将从香港向内地顾客供货，由香港包括冯氏旗下的利丰物流在内的物流渠道处理从天猫国际接获的订单，并以支付宝为主要支付平台。公司预计其中国电子商务销售额将于2016年达到约5 000万美元。冯氏零售计划通过此项合作，深入探索集团未来在中国的全渠道零售业务的新模式。集团主席冯国经表示："我深信双方合作必能达到相辅相成、相得益彰的效果。"

第五，积极发展物流业务，加强物流基础设施建设，实施"以营运为核心"的商业模式，优化全球供应链管理。

2009年全球金融海啸以来，世界经济发展的重点逐渐转移到亚太地区，其中尤以中国为最。随着亚太区分销、零售业务的发展，物流业的发展潜力日益突显，冯氏集团在区内的业务日益增长。为了配合整个集团的发展，冯氏加快了物流业务的发展。2010年利丰贸易私有化利和后，即以利和的物流基础组建利丰物流部门，由利丰贸易直接管辖。利丰物流的主要业务，包括境内物流和环球货运代理两大类。其中，境内物流以亚洲特别是中国内地为基地，专注提供境内物流解决方案，并专营重点产业，包括鞋履、服装、快速消费品、食物及饮料、零售和电子产品等。环球货运代理主要提供生产地与目的地之间的跨境运输服务，以辅助公司的境内物流。2014年3月，利丰贸易收购了中国第五大

2015年5月,冯氏在上海华东总部设立"利程坊",探索集团未来零售业务新模式

冯氏零售集团与美国梅西百货集团合作,成立合资企业——梅西百货(中国)有限公司,在阿里巴巴旗下"天猫国际"启动电子商务销售试点

海运巨头新华货柜有限公司(China Container Line,CCL),成为集团的首次大型物流收购。由于 CCL 每年能处理超过 50 万个标准集装箱,该项收购显著扩大了集团货运代理业务的规模及在中国市场的业务份额。

利丰物流实施"以营运为核心"的商业模式,具体包括:正视事实,预先制定明确的优先处理事项并贯彻始终,并且重视评估进展,预防风险。在境内物流方面,公司以中枢辐射式物流解决方案(Hub-and-Spoke Logistics Solution),协助客户建立并组织枢纽和仓储基地;运用先进的技术去重新设计集团的分销中心和营运流程,并针对全渠道零售客户推出电子物流解决方案,为传统零售客户及电子商务客户完成最后交付。在环球货运代理方面,公司协助客户整合货物运输,计划和管理运输路线,协助客户准备所需文件及完成清关手续。经过数年的发展，目前利丰物流已逐步建立起与集团全球供应链管理网络相辅相成的业务网络，于全球 20 个国家设立超过 200 处仓储设施，包括中国内地的上海、江苏、浙江、广东，新加坡、马来西亚等东南亚国家，以及美国、英国等，业务网点遍布约 20 个国家，为全球超过 350 个客户，包括耐克、联合利华、宝洁、ZARA 等国际主要客户，提供各种相关物流服务。2015 年 11 月，利丰物流在新加坡的一个占地 9 万多平方米的大型仓储设施正式投入运作，这是全东南亚最先进的仓储枢纽。目前，物流业务已成为集团一个重要的业务增长点，据统计，从 2010 年到 2014 年，利丰物流的营业额已从 3.24 亿美元增加到 8.73 亿美元，四年间增长 1.69 倍，年均增长 28%（见图 4）。公司的发展愿景是，在境内物流方面成为亚洲最顶尖、最优秀的物流提供者；在环球货运代理方面进入全球前十位；并且成为集成在线、线下的全渠道物流平台。

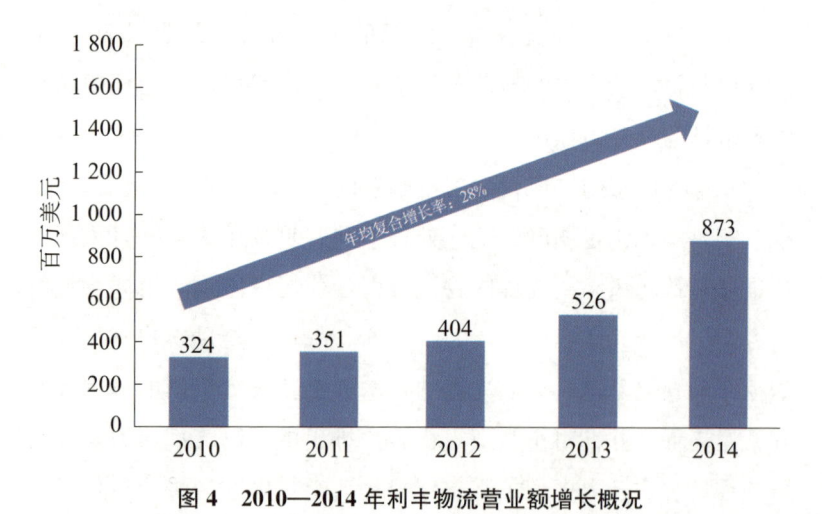

图 4　2010—2014 年利丰物流营业额增长概况

第六，积极发展供应链金融，进一步创新供应链管理。

为进一步强化全球供应链管理，冯氏还积极推进供应链金融发展。2013年，冯氏与金融机构合作，共同建立了一个提供供应链金融服务的机构，为冯氏供应链上的供货商提供基于票据的融资业务。在该项业务中，冯氏充分发挥供应链管理的优势，承担对所有融资对象（供货商）的尽职审查，使之符合新设立机构的融资扶持标准，以协助供货商解决资金问题，稳定冯氏的供应链运行。目前，这一业务才刚起步，但已显示出其发展潜力。正如中国人民大学的宋华教授所指出的："供应链金融可能会成为冯氏集团新时期实现'软三元'的又一重要战略，并且通过这样的融资行为将供货商、客户与冯氏紧密联系在一起，为冯氏集团的未来发展提供了新的契机。"[1]

World Gateway——新加坡最大的自动化仓库及保税配送中心

---

[1] 宋华：《供应链金融》，94页，北京，中国人民大学出版社，2015。

经过上述的一系列变革，冯氏逐步建立起在采购贸易、分销、零售、物流等各个环节，与所经营的产品相匹配的、完整的全球供应链管理体系。从总体来看，冯氏供应链管理的转型和创新，正为迎接未来国际经贸环境进一步转变所带来的挑战，奠定基础。

七、冯氏在中国内地的发展

冯氏集团从广州出发，于20世纪80年代改革开放之初又率先返回内地发展，对内地市场给予高度的评价和重视。

1997年3月香港回归前夕，冯氏集团主席冯国经以香港贸易发展局主席的身份在北京一个研讨会上表示："内地与香港是一对无可匹敌的经济伙伴，内地拥有庞大人力、知识及天然资源，更拥有无比的信心、决心和经济实力面对未来，而香港则在科技、商业触觉及现代管理方面具备丰富知识，而且又是亚洲的商业中心。这种有利条件势将结合起来，形成一股全球前所未见的经济增长动力。"① 2000年10月，冯国经在北京中共中央党校发表题为"全球一体化下香港与内地经济合作的新趋势"的演说中更明确表示："中国内地加入世贸，对香港最大的机遇是，全球最具潜力的中国消费品市场的开放。在内地的三资企业，包括香港企业在内，将有机会逐渐拓展内销市场，建立销售网络，让香港公司在内地生产的产品能销售至全国每个角落。在内地生产，供应内销市场，将是香港制造业下一阶段发展的关键。……现在

---

① 冯国经：《内地与香港经济关系的重要性》，在北京举行的"香港：联系京沪穗，协手创繁荣"研讨会上的演讲词，1997年3月28日。

内地内销市场开放,香港的企业将可兼备市场及生产的双重优势,发展前景秀丽。"①

2007年6月2日,香港回归十周年前夕,冯国经在接受中新社记者专访时进一步表示:"回归十年以来,香港作为国际贸易中心、航运中心以及金融中心的地位没有改变,但相对于十年前泡沫式的增长,今日香港经济向上突破的动力强劲,而且潜力和后劲充足。"他指出:"香港回归十年以来,最大的不同是,现时和内地以及珠三角经贸来往越来越繁密,香港已发展成为国际空运中心,每年客运量达到4 500万人次,较启用初期的3 000万人次,大大增加。"冯国经形容,香港作为中介人角色,过去只做"单程客",将外面客源引入内地,但随着内地积极"走出去",现时已演变成做"双程客"生意,其市场规模是以两倍甚至四倍跃升。他认为:"现时企业都强调供应链管理,将生产过程分开不同阶段,每段在不同地区、不同工厂处理,再配合信息科技和物流,将生产联结一起,香港可以利用其地理优势,发展成为世界供应链控制中心,扮演全球贸易发展新模式的领先者角色。"正因为看好中国经济的长远发展前景,冯氏把重返中国内地市场作为集团业务发展最重要的战略目标之一。

■ 发展历程

早在20世纪80年代初期,冯氏已率先进入中国市场,成为最

---

① 冯国经:《全球一体化下香港与内地经济合作的新趋势》,在中共中央党校的演讲,2000年10月24日。

七、冯氏在中国内地的发展

早进入中国内地的香港公司之一。1980年,利丰贸易作为美国著名连锁集团GAP的采购代理,与GAP一起进入上海,向上海纺织品进出口公司采购布料,成为首批进入内地采购货物的香港客商。到1992年利丰贸易在香港上市时,公司已在中国内地设有四家办事处,分别位于上海、广州、深圳及湛江。1992年度,利丰贸易39.80亿港元营业额中,已有24%的货品来源于中国内地市场。①

1992年,邓小平视察广东,中国对外开放进入全方位开放的新时期。冯氏看好中国经济的发展前景,于1993年大举投资中国内地,先后投资了广州番禺商贸城、江门鹤山食品城、湛江的一个货仓,以及位于上海闵行区的一家饮料厂等多个项目。其中,番禺商贸城占地220万平方米,原计划发展成为专门为华南地区提供产

利丰采购管理(深圳)有限公司番禺分公司办公室

① 参见《利丰有限公司1992年年报》,4页。

番禺分公司的亚洲自有品牌展示室

品制造、仓储、集散及分销的园区，包括兴建33座单层批发大楼，内设陈列室和货仓，以"货仓式现购自运"模式运作。整个项目分四期完成。首期项目为利联仓行。1998年，利联仓行首期工程完成，建成9座分销大楼、172个基本单位以及1座商业配套大楼，占地23万平方米。不过，该项目受到当年中国政府对外资商业企业的政策限制，未能取得有关批文，被迫中途停顿，后更改作货仓运作，成为集团华南总部的临时所在地。

冯氏集团在中国内地另一个主要投资项目是位于广东鹤山的利丰食品城，为外商提供适合食品加工工业所需的基础建设及配套设施，并协助海内外投资者设厂和办理各项报批手续，以尽快投产。整个鹤山食品城分三期发展，总面积达169万平方米，预期2000年全部完成。首期工程包括兴建公路网络及水电建设，以及65万平方米的填海工程，于1996年中完成，投资总额为

1.5亿元人民币，注册资金6 500万元人民币，余下资金向银行借贷。当时，已有多家食品制造商表示有兴趣投资，其中包括来自日本、韩国及欧洲的食品制造商。1995年12月，利丰食品城首期交通主干道通车，食品城办事处启用。12月18日，即鹤山市建市一周年纪念日，食品城内首家企业——亚太食品（广东）有限公司投资1 500万美元的综合大楼落成启用，当时鹤山市市长宋毅行、冯氏集团主席冯国经以及亚太食品工业有限公司董事总经理区文中主持了隆重的开幕典礼。亚太食品主要生产巧克力、饼干、糖果、加工肉类及鱼类等，计划1996年3月投产。利丰食品城发展在初期尚算顺利。不过，其后由于受到中国国内宏观经济调整，特别是亚洲金融风暴的冲击，该项目被迫停顿下来。

1999年，冯氏收购了英之杰集团旗下的亚太区市场推广业务（IMAP），组建利和经销集团。借助这一收购，利和经销在中国内地沿海城市已建立起相当的分销、物流等业务基础。当时，利和以南京为总部，在深圳、珠海、广州、上海、北京、成都等九个城市设有分公司，在广东中山、东莞、汕头、浙江杭州、江苏苏州等40个城市设有办事处，经销网络遍及内地70个主要城市。世界知名的雅培奶粉，由利和代理经销，从香港运到南京后经全国100多个批发商分销到各地的连锁店、医院。2003年6月，内地与香港签订关于建立更紧密经贸关系的CEPA协议，决定从2004年1月起对香港开放服务业。冯氏即成为最早一批在CEPA框架下进入内地的服务业公司。2004年4月，利和旗下的南京利丰英和商贸有限公司获得在中国内地独资经营分销业务的牌照（号码为001号），成为第一家在中国获得经营批文的外资服务公司。2008年7月，利和旗下另一家公司——利丰医药（上海）有限公司，获中国商务部批准从事医药及医疗用品的批发、分销业务，成为全国第一家外资医药商贸企业，并且到目前仍然是全国唯一的一家独资的外资医药商贸企业。当时，该公司获得医药进口批文的消息曾在业界轰动一时。

冯氏的物流业务亦早在20世纪80年代后期进入中国内地市场。当时，利和物流以上海为中国区总部，全资拥有上海英利物流有限公司（Shanghai IDS Distribution Co., Ltd.）、持有80%股权的上海英和申宏商业服务有限公司（Shanghai IDS Shen Hong Logistics Co., Ltd.）、持有50%股权的上海陆海英国际集装箱货运有限公司（Shanghai Land Ocean IDS Logistics Co., Ltd.）等。其中，上海陆海英国际创办于1987年，在上海淞沪地区拥有两个集装箱货柜码头、4 600多平方米的货仓设施，以及2 500辆货运卡车。该公司以上海为总部，办事处分设宁波、南京、杭州、苏州等地。通过上海英利物流所建立的物流网络，上海陆海英国际可提供"一站式"的物流服务，将货物快速地配置到全国各地。

2001年12月，中国加入世界贸易组织，服务业进一步对外开放。冯氏开始策划进入中国内地零售市场。当年4月，利亚零售与内地公司合资，成立利亚零售华南有限公司。利亚零售华南公司成立后，即向中央政府、广东省政府及广州市政府申请经营便利店的牌照。2002年8月，利亚零售的广州合作项目获得了国家经济贸易委员会批准。2002年11月22日，OK便利店在广州市中山八路48号开设内地首家分店，迈出冯氏在中国内地发展零售业务的第一步。其后，冯氏旗下的另一业务——玩具"反"斗城于2006年11月在上海开了内地第一家店。

七、冯氏在中国内地的发展

OK便利店2002年在广州市中山八路48号开设内地首家店铺

冯氏旗下的另一投资项目——玩具"反"斗城于2006年11月在上海开了内地第一家店

20世纪90年代，冯氏集团在中国内地的业务范围相对仍较为简单，主要是从事采购贸易业务。集团在南京设有中国事务部，主要负责处理集团与地方政府机构的关系，研究中国内地的政策、法规，解决集团各公司在实际运作中碰到的困难和问题，协调公司内部及对外合作关系等。2010年，随着在中国内地业务的逐步发展，集团在上海再设立中国办公室，并派出集团的中国代表。及至2012—2013年间，冯氏在中国内地的业务越见多元化，集团乃将中国内地市场划分为五个地区，分别为华东、华南、华北、华西、华中等地区，并在华东区、华南区及华北区派出首席代表。

与此同时，集团着手筹建各地区的总部。首先是建立集团于中国内地业务最集中的华东地区的总部。冯氏华东总部位于上海闵行区虹桥镇，那里原为一家饮料厂。2000年12月，冯氏收购该工厂后，将其转为旗下公司业务办公室。2005年底，内地推出一系列政策大力发展服务业，冯氏于是利用这一有利时机，将其改组为一家物业管理及出租公司，发展总部经济。2006年10月，集团投资1.5亿元人民币，兴建了第一幢高12层的写字楼。该大楼于2007年1月建成投入使用，楼面面积达3.2万平方米。2014年，集团再投资数亿元兴建第二幢楼13层的写字楼，于2015年3月正式投入使用。目前，位于上海的集团旗下各公司均已集中在华东总部运作，包括利丰贸易、利标、利邦及冯氏零售集团其他公司，员工人数约为3 000人。

经过多年发展，集团华东总部的总部经济效应已突显。从2006年起，华东总部开始向上海市政府缴交税款，其后逐年增加，到2013年比2006年增加了100倍左右。冯氏华东总部成为

七、冯氏在中国内地的发展

2006年，冯氏集团于上海兴建了华东总部的第一幢写字楼，
第二幢写字楼亦于2014年建成，2015年启用。图为第二幢写字楼

当地政府发展经济的一张重要"名片"，得到了上海各级政府的支持，当年时任上海市委书记的俞正声就曾亲自考察集团华东总部，并给予高度评价，上海闵行区及虹桥镇政府也给予大力支持。华东总部还与当地政府，特别是作为土地地主的虹桥村建立了紧密的联系，双方均表示要"世世代代友好下去，世世代代合作下去"。与此同时，集团的华南总部也在筹建中，地址就设在广州番禺利联仓行毗邻地段。

■ 发展现状

经过多年的发展，目前冯氏集团在中国内地的业务涉及采购贸易、品牌分销、零售、物流等供应链管理的各个环节。

其中，采购贸易是集团在中国内地最庞大的业务，由上市公司利丰贸易负责。利丰贸易的华东区总部设在上海，华南区总部设在深圳，在中国内地9 000多员工中，华东总部约有2 000人，华南总部约有2 000人，东莞约有1 300人，广州番禺约有700人。公司位于深圳的公司实际上已开始逐步承担整个公司总部的部分职能。其中，香港正越来越成为公司的神经枢纽，而下单、找厂、谈判等业务已经逐步由香港转移至深圳等地。自20世纪80年代以来，利丰贸易在中国内地逐步发展起庞大的采购贸易业务。2014年，利丰贸易每年在全球各地185亿美元的采购业务中，约有一半（即90多亿美元）来自中国内地，其中，成衣约占49%，杂货消费品（非成衣货物）约占51%，共使用超过7 000多家工厂。2009年以前，公司在内地的采购中，超过55%是来自广东珠三角地区，但近年来由于珠三角成衣及杂货加工产业逐步外移，在广东珠三角等华南地区的采购比重逐步下降，已从2012年的49.8%下降至2015年上半年的43.0%。相反，华东地区省份的采购比重则逐年上升，同期浙江、江苏两省的比重分别从13.8%和11.1%上升到16.5%和12.4%。

由于利丰贸易所涉及的业务，不仅是采购贸易，还包括物流以及内销等，为了加强公司各个部门之间的交流、推动公司在中国内地业务的发展，2015年7月，利丰贸易在冯氏集团主席冯国经和利丰贸易主席冯国纶的支持下，成立了由相关各个业务部和后勤部主管等十人组成的中国事务委员会，就如何部署公司未来在中国的发展、如何发挥协同效应，定期召开会议，以便达成共识，做出决策。会议计划在内地不同城市召开，并提供考察机会，使公司高层能够对中国内地市场有更深刻的了解。

七、冯氏在中国内地的发展

品牌分销业务，主要由利丰贸易旗下的利丰亚洲和上市公司利标分别展开。目前，利丰亚洲的品牌分销业务主要包括两大类：快流消费品、医药及相关耗材。利丰亚洲分销的最重要品牌原来是雅培奶粉，但2012年以后，利丰亚洲对雅培奶粉的经营角色，从全国总代理商转变为区域代理商。公司增加了一些新代理的品牌，包括阿迪达斯个人护理、安怡（成人）奶粉、蓝罐曲奇、麦维他饼干、麦斯威尔咖啡等。目前，利丰亚洲快流消费品中国区总部设在上海，每年的营业额12亿~15亿元人民币。在医药、医疗耗材方面，利丰亚洲在中国内地市场的经销业务，主要依托2008年和2009年在上海成立的两家公司——新天地医药有限公司和利丰医药商贸有限公司，经销的业务主要有三类：一是美国的艾滋病药品，专门售卖给政府部门；二是德国、意大利生产的治疗肝病、关节炎的药品；三是心脏插入仪器。利丰亚洲医药及耗材中国区总部设在上海，在北京和广州有分公司。近年来，利丰亚洲的这部分经销生意发展良好，每年营业额有20%~30%的增长，正成为公司业务的新增长点。利标品牌在中国内地的业务也开始起步，目前主要经营三类业务，包括童装品牌授权与经销、家居用品的品牌授权与经销，以及品牌管理。利标在中国区的总部设于上海，另外在广东番禺设有分支机构。

在零售业务方面，目前冯氏已在中国内地建立了涵盖快流消费品及食品，男装、女装、童装及相关系列产品，从奢华、高档到大众化等多层面的业务发展平台和销售网络，旗下公司包括利亚零售、利邦控股、UCCAL Fashion Group、利童（控股）、利时控股，以及玩具"反"斗城连锁店等。其中，利亚零售在内地经营OK便利店和圣安娜饼屋两大连锁店。截至2014年底，利亚零售在广东共开设147间店铺，包括OK便利店101间和圣安娜饼屋 46 间,分别占利亚零售开设的 OK 便利店 (604 间) 和圣安娜饼屋 (148 间) 总数的 16.7% 和 31%。其中,OK 便利店在广州开设 89 间,在珠海开设 12 间 (珠海店铺是由获得经营授权的澳门公司开设);圣安娜饼屋在广州开设 43 间,在深圳开设 3 间,2015 年上半年还先后在江门 (1 间)、佛山 (3 间) 和惠州 (2 间) 开设多间新店铺。2015 年,OK 便利店取得了一项新发展,投得广州地铁站三个站的店铺位。OK 便利店将在香港经营的成熟商业模式,引进内地,独具特色。它推出自有品牌的"好滋味"新鲜面包等产品,提倡香港形式的"港饮港食"的销售特色,受到消费者的好评,树立了在内地便利店市场的高端形象。

利亚零售在广州设有华南地区总部——利亚华南便利店有限公司,员工约 110 人,主要负责支持前线、日常营运、策划推广、采购、后勤等,服务整个华南地区。2014 年,公司以 2 000 万元人民币价格购入广州天河区体育东路财富广场 18 楼 (770 平方米) 作为营运总部,业务环境大幅改善。利亚华南在广州黄埔南江设有面积约 4 000 平方米的仓库及冷冻车队。此外,圣安娜饼屋在深圳设有一家大型食品工厂,在广州设有一家规模较小的食品工厂,为香港及华南地区网络服务。近年来,OK 便利店在华南的业务取得了新发展。2014 年 10 月,利亚零售与央企中国石化销售签订合作协议,接管中石化位于广州的 10 座石化加油站及易捷便利店的管理。利亚零售用公司的管理模式及供应链管理系统,提升中石化便利店的管理水平。利亚零售计划与中石化加深合作,进一步参与管理中石化在广州番禺、珠海等地的中石化加油站及便利店,以输出管理服务。

与此同时,冯氏经营品牌服装零售的多家公司业务也取得了新发展。其中,上市公司利邦在中国内地已经建立了作为经营高级至奢华男士服装零售商的领先地位，取得了成功。利邦目前在中国内地开设了超过300间高档男装店铺，雇用员工逾2 000名。近年来，由于受到中国宏观经济环境转变的影响，利邦正积极推动业务转型，进一步向时尚、休闲服装等方面发展。另外，经营女装及轻奢侈品的零售业务的UCCAL、经营童装零售业务的利童（控股），以及经营时尚休闲服装及配饰零售业务的利时控股等三家公司，在中国内地共开设超过450家店铺，其中，UCCAL 90间，利童（控股）214间（另有约150间加盟店），利时控股约150间。利童中国区总部设在上海，业务主要由利童（上海）商贸服务有限公司和利童（上海）商贸有限公司运作，2014年营业额为2.8亿元人民币。

玩具"反"斗城亚洲业务原为冯氏1937持有的私人公司，主要业务为玩具及婴幼儿用品销售。1986年，冯氏与美国大型玩具超市集团Toys "R" Us, Inc. 合作，在香港开设玩具"反"斗城，双方各占一半股权，由利丰负责经营。2006年11月，玩具"反"斗城进军内地市场，在上海开了内地第一家店，其后先后在江苏、浙江、福建、广东等地开设店铺。2011年11月，Toys "R" Us, Inc. 向冯氏购回玩具"反"斗城亚洲特许经营业务70%股权及控制权，并接管该业务的经营管理权。其后，玩具"反"斗城先后进军北京、天津、哈尔滨等内地北方市场。截至2014年底，已在中国内地30个城市开设了75间店铺，主要城市包括北京、上海、深圳、成都、重庆、杭州、武汉等。玩具"反"斗城在中国的业务总部设在上海，经过多年发展，目前公司的经营已经取得盈利。

在物流业务方面，经过多年的发展，利丰物流在中国内地的业务也取得了快速的发展。目前,利丰物流在中国内地共拥有58座配送中心,仓储面积达到76.6万平方米,员工约2 700人。在运输服务方面,公司拥有43座分拨中心、逾5 000辆承运商车辆,所运送的货物可抵达全国819座目的地城市、3.5万个卸货点,年运输量可达到150万立方米。并且公司在上海、北京、广州等城市建立了专业的自有运输车队,负责市内及主要城市的运输订单配送(见图5和图6)。目前,利丰物流在中国内地市场的配送地点覆盖国际知名大卖场,如沃尔玛、家乐福、麦德龙等,以及内地超市如苏果、世纪联华等。利丰物流已成为中国最大的鞋服类物流公司。由于利丰物流能够给客户提供效益最大化的物

说明:全国拥有58座配送中心,年订单量达2 698 199单,存储SKU数量达14 354 774个。

图5 利丰物流在内地的配送中心网络分布图

七、冯氏在中国内地的发展

图6　利丰物流在内地的分拨中心网络图

流解决方案和一体化的供应链管理，业务取得了较快的发展。2014年，利丰物流在中国内地的境内合同物流的营业额达6.8亿元人民币，其中，华东为5.5亿元人民币，华南为5 200万元人民币。2015年中国内地境内合同物流营业额已接近9亿元人民币。物流业务正成为集团在中国内地业务发展的另一个新增长点。

利丰贸易在中国内地的内销业务也取得了新进展。2015年6月，利丰贸易通过旗下的利丰贸易（中国）控股有限公司，与上海百联集团股份有限公司、北京王府井百货（集团）股份有限公司合作，共同出资成立在上海自贸区注册的合资公司——上海百府利阳商业有限公司，其中，百联与王府井各占40％股权，利丰占20％股权，首期注册资本为4 800万元人民币。合资公司的主要业务包括四大类：一是自有或授权品牌开发，通过自主开发、取得授权或收购的方式推进品牌的开发；二是总代理及总经销，合资公司将协助寻找适合百联股份、王府井百货零售渠道的外部品牌（包括在线及线下）或品牌中的合适产品开展总代理、总经销业务，借用三方已有渠道资源及开拓其他外部渠道，拓展市场，形成销售规模；三是招商协同，通过三方的业务网络来确定和引荐合适的零售商、品牌商进入三方零售点经营，包括境外商品的采购与分销；四是品牌推广与营销，包括旗下品牌的推广与营销，创新营销手段，制定品牌价值定位、品牌视觉及空间形象体系的规划、品牌服务理念和行动纲领的规划、品牌通路策略的规划，规划及实施品牌传播、公关及营销等。合资公司成立后，初期业务将重点开发男装、婴童、家居生活、潮牌等品类，三年内将打造六个品牌，计划开店 300 家店铺，实现终端销售 10 亿元人民币。

2015 年 6 月，利丰贸易与上海百联、北京王府井百货合资成立"上海百府利阳商业有限公司"

七、冯氏在中国内地的发展

该合作的战略构想,是要利用百联及王府井遍布全国的在线线下零售渠道资源,并发挥利丰全球采购网络与供应链管理优势,整合三方资源,合作推进零售企业自营业务的发展,实现1+1+1>3的效应。该计划无疑是冯氏拓展内销业务的重要突破,借助国内的大型百货集团,打通从品牌策划、产品生产,到物流及零售运营等供应链管理的各个环节,从而拓展利丰有限公司在中国内地的内销业务。从冯氏集团来看,该合作亦有利于集团探索进军中国零售市场的适当商业模式,利丰取得经验后,可将其运用到集团旗下的零售公司,或进一步加强这些公司与国内零售集团的合作。从这一点来看,该项合作对冯氏在中国内地的业务发展具有深远的意义。

八、企业责任与可持续发展

20世纪80年代,企业社会责任(Corporate Social Responsibility, CSR)运动兴起。越来越多的企业开始关注社会的可持续发展,包括社区发展、劳工和人权、环境保护等方面的内容。2002年,联合国制定《联合国全球契约》(UN Global Compact),推行企业的社会责任逐渐成为公司发展战略的一个不可或缺的内容。

履行企业的社会责任、回馈社会、推动可持续发展一直是冯氏集团企业文化的支柱之一。早在20世纪60—70年代,冯汉柱就已积极投身社会服务,致力于社会公益事业,形成优良的企业文化。1993年,冯氏设立冯汉柱慈善基金。20世纪90年代以来,冯国经、冯国纶兄弟进一步发扬父辈回馈社会的优良传统,不仅出任多项公职,服务社会,更于2006年公司成立100周年之际先后设立经纶慈善基金和冯氏(1906)慈善基金,积极推动成立经纶国际经济研究院,在人才培育、社区建设、环境保护、经济发展和经济研究等诸方面不遗余力,积极回馈社会,履行企业社会职责,致力于推动可持续发展。

■ 冯氏兄弟：出任公职，服务社会

2008年4月，台湾著名杂志《商业周刊》在采访利丰后发表题为"香港利丰集团百年传奇"的长文，文中写道："翻开3月初的《福布斯》杂志的全球富豪排行榜，有一对兄弟富豪同时挤入前五百大，这是两岸三地华人中，唯一靠自己打拼而致富的兄弟档，他们是冯国经、冯国纶。这对兄弟的传奇，从一个英文单词看出。《福布斯》杂志注解台湾首富蔡宏图的财富来源，是'继承'。但同样是大家族后代，《福布斯》注解冯氏兄弟的财富来源是'自赚'（self-made）。……市值超过140亿美元、员工来自41个国家的利丰是全球最大民生消费品采购贸易商。哈佛管理学院四度将他们的经商之道列为教案，让全球的MBA学子在最高学术殿堂讨论。《远东经济评论》誉为'亚洲最有头脑的商人'。因为这对兄弟将接手的一家'夕阳公司'，而今变成'日不落帝国'。他们改写全球的贸易产业史，让家族横渡百年。"①

自20世纪70年代初加入利丰以来，冯国经、冯国纶兄弟成功地将家族生意发扬光大，使利丰从一家家族式的传统商号发展成为现代跨国贸易集团、全球性商贸供应链管理者。不仅如此，冯氏兄弟还继承家族特别是父亲冯汉柱的传统，积极参与社会服务，回馈社会。自80年代后期，冯国经已开始参与香港政府的多个咨询委员会及半官方机构，包括香港总督商务委员会、公务员叙用委员会、司法人员叙用委员会、证券及期货事务监察委员

---

① 《香港利丰集团百年传奇》，载《商业周刊》，1063期，2008年4月7-13日。

会、贸易及工业咨询委员会、公营部门改革政策小组、中央政策组、香港出口信贷保险公司、香港公益金，以及世界野生动物基金会等。

1991年，冯国经获政府委任为香港贸易发展局董事局主席。香港贸易发展局是香港最重要的半官方机构之一。在长达九年的任期中，冯国经以勇于承担的态度，对以往所定下的方向做多方面的改革。他根据香港经济结构的转型，在积极推动有形贸易多元化的同时，全力推广服务贸易的扩展。1991年前，香港贸易发展局的收入主要来自进出口从价税，到他卸任时，从价税在香港贸易发展局总收入中所占比重已下降到1/3。冯国经在担任香港贸易发展局主席期间，还肩负其他与促进香港对外贸易有关的一系列重要公职，包括1991年出任香港日本商务合作委员会委员，1993年出任香港韩国商业圆桌会主席，1996年出任亚太经济合作委员会商业咨询委员会香港代表并担任财经投资组的联合主席，1997年出任香港欧盟经济合作委员会主席。

在长达九年的任期中，冯国经以香港贸易大使身份，努力为香港拓展海外市场，成绩斐然可观。他凭借丰厚的国际网络、广阔的国际视野，长袖善舞，赢得了广泛好评。这一时期，香港贸易发展局的海外办事处从26个激增到56个，负责向海外推销香港，确保世界各地认识香港。香港回归前夕，香港国际会议展览中心兴建新馆，以作为香港主权回归的见证。该馆从策划、设计到建筑，都在冯国经的指挥下完成，一切都在预算之内，及时启用。新馆的外形，俨然一只翱翔天空的海鸟，象征着香港，也代表香港贸易发展局的新形象。冯国经表示，会展中心是他任职香港贸易发展局主席期间的心血，也是他在回归过程中最难忘和深刻的回忆。"当时我负责兴建会展中心新翼，限期要在三年零四个月内完成，工程包括填海，压力真的很大。因为很多事情的限期可以延后，但会展中心作为举办回归盛典场地，工程一日都不能延后。"他表示，当时全部精力都放在会展，最后工程如期完成，效果也不俗，令他感到欣慰。

1999年5月，冯国经接替黄保欣，接掌由于新机场启用初期所出现的混乱局面而备受社会各界批评的香港机场管理局主席一职。冯国经出任香港机场管理局主席后，明确将赤腊角新机场的长远目标，确定为成为亚太区最重要的航运中心。他一改过去机场管理局犹豫不决的立场，大幅削减机场收费以提高香港机场的竞争力，着手研究如何运用整个岛的土地开发，包括兴建物流中心、机场城，以及配合未来迪士尼乐园发展等，并筹备将机场管理局上市。冯国经还计划将新机场的港口与广东珠江三角洲地区14个港口连接，把整个珠江三角洲作为新机场的腹地，以巩固香港作为国际空运枢纽的地位。冯国经表示，希望能利用香港众多的国际航线和珠三角机场在内地的运输网络，把大珠三角打造成国内和国际的枢纽，以及亚太区最重要的物流运输中心。2005年5月，香港特区政府宣布，第三度委任冯国经为机场管理局主席。特区政府发言人表示："在冯国经的领导及机场管理局成员和管理层的努力下，香港国际机场成功克服多项对民航业打击极大的挑战，包括2001年的'9·11'事件及2003年严重急性呼吸系统综合征爆发等，并与此同时不断录得破纪录的客货运量增长。香港国际机场享誉国际，并自2001年起连续五年获著名的Skytrax机场服务调查评为全球最佳机场。"

2001年9月，冯国经接替杨铁梁出任香港大学校务委员会主席，为期三年。当时，香港大学因为钟庭耀事件影响，正陷入管治危机，校长郑耀宗、副校长黄绍伦先后辞职，担任香港大学校务委员会主席一职长达16年的杨铁梁亦黯然离去。香港大学是香港历史最悠久的重要学府，其校务委员会主席对香港的教育等政策方面具有重大影响力。冯国经在此危难时期被委此重任，反映了特区政府对他担任贸易发展局及机场管理局主席的充分肯定。冯国经自1996年起已成为香港大学名誉教授，他相当重视学术及政策研究，2001年曾聚集一群学界及商界精英，完成一份题为"2022计划"的研究报告，综论香港与珠江三角洲的合作在香港经济转型中的作用，在香港曾产生相当大的影响。鉴于他的经历，冯国经出任校务委员会主席，受到港大师生普遍欢迎。

2004年2月26日，冯国经获香港特区政府委任为新成立的大珠三角商务委员会主席。香港特区政府表示，这个由私营界别牵头的委员会，将与政府层次的粤港合作联席会议相辅相成，发挥积极作用，加强香港与广东珠江三角洲地区的联系。2007年6月，冯国经当选为具有90年历史的国际商会（ICC）副主席，成为担任这个重要职务的第一位中国人。国际商会由各国90间商会组成，具有广泛代表性，是联合国重要咨询组织，也是最权威的国际贸易仲裁机构，每年的G8会议均获邀出席。2010年2月，冯国经获美国伍德罗威尔逊国际学者中心（Woodrow Wilson Center）颁发的伍德罗威尔逊企业公民奖（Woodrow Wilson Award for Corporate Citizenship）。该中心赞扬冯国经把利丰集团发展成为香港一家首屈一指的商业机构，每年营业额逾160亿美元，并且热心教育及慈善，更是国际商会首位华人主席。

与其兄冯国经一样，冯国纶早在80年代中期就已出任社会公职,服务社会。1985年,冯国纶就以香港贸易发展局理事身份,获委任为基本法咨询委员会委员。20世纪90年代初,中英政制争拗时,冯国纶又被委任为香港特别行政区推选委员会委员、全国人大香港特别行政区筹备委员会委员,其后更成为全国政协香港区委员。1993年,就在冯国经获任香港贸易发展局主席一职之后不到两年,冯国纶获政府委任太平洋经济合作香港委员会(PEEC)主席。该委员会的目的在于促进亚太区的经济贸易合作,香港委员会由财政司委任,成员由香港商界、学术界名人及政府代表三方组成。

作为香港商界翘楚,冯国纶曾长期出任香港总商会要职,包括香港总商会董事会委员(1984年迄今)、总商会属下工业事务委员会主席(1989—1993)、香港总商会第二副主席(1992—1993)、第一副主席(1993—1994)及香港总商会主席(1994—1996)。他还曾出任香港出口商协会主席、太平洋经济合作香港委员会主席、香港特区政府财政司经济顾问委员会委员,并且是汇丰控股(HSBC Holdings plc)、VTech Holdings Limited、瑞安房地产有限公司、新鸿基地产发展有限公司等公司的独立非执行董事,曾担任中电控股有限公司的独立非执行董事。他对教育界亦贡献良多,在1992—1997年期间任岭南学院校董,1988—1990年期间任香港城市理工学院商业与管理学系顾问委员会成员,并在1995年担任香港理工大学顾问委员会创会成员。

为了表彰多年来冯氏兄弟对社会做出的杰出贡献,香港特区政府先后向冯国经颁授金紫荆星章(2003年)和大紫荆勋章(2010年),向冯国纶颁授银紫荆星章(2008年)。

八、企业责任与可持续发展

■ 设立慈善基金：培育人才、关怀社群、保护环境

2006 年，利丰集团迎来创办 100 周年纪念。为庆祝此盛事，冯国经、冯国纶兄弟在 1993 年设立的冯汉柱慈善教育信托基金（Fung Hon Chu Education Trust Fund）的基础上，再设立经纶慈善基金和冯氏（1906）慈善基金。其中，经纶慈善基金（Victor and William Fung Foundation）的宗旨是：推动领袖人才培训发展，通过与各所大学合办奖学金计划，以及与智库及教育机构合作培育"思想领袖"。冯氏（1906）慈善基金（Fung (1906) Foundation）的宗旨是：鼓励冯氏集团在全球各地的雇员投入社群，对居住及工作所在的社区做出贡献，目标是推行各项由集团雇员发起的慈善计划，包括救急扶危、推动社区建设、培养创业精神及保护环境等。

冯汉柱致力于社会公益事业，冯国经（右）、冯国纶（左）兄弟进一步发扬父辈回馈社会的优良传统，出任多项公职

冯国经认为，香港要在亚太区站稳一席位置，就必须重视教育。他指出："我们整个教育制度及高等教育一定要搞好，要搞好就一定要有资源。让社会有钱出钱，有力出力，不单用政府资源，还用到社会资源，对长远发展很重要。"为此，经纶慈善基金首先捐赠1亿港元设立"冯氏学者计划"，目的是为本科生及研究生提供机会，在外地的不同文化环境中进行学习、与人沟通及扩展人脉关系。获颁奖学金的本科生被称为"冯氏学者"（Fung Scholars），而研究生则称为"冯氏学人"（Fung Fellows）。"冯氏学者计划"每年资助100名香港和内地大学学生赴海外深造，可前往定居地以外的大学，以最长一年时间深造所选学科。冯国经表示，环球一体化的趋势日益加剧，具备国际视野及跨地域文化体验的大学生，正是保持社会不断进步所必需的人才，希望这些"冯氏学者"未来可对社会做出更大的贡献。

经过十年的运作，目前"冯氏学者计划"已与世界各国的30家著名大学建立了合作关系。这些大学包括美国的哈佛大学、麻省理工学院、普林斯顿大学、波士顿学院及东北大学，英国的牛津大学及伦敦艺术大学，日本的东京大学，新加坡的新加坡管理大学及国立新加坡大学，孟加拉的亚洲女子大学，土耳其的KOC大学，以及香港的八所高等院校（香港城市大学、香港浸会大学、岭南大学、香港中文大学、香港教育大学、香港理工大学、香港科技大学、香港大学）。此外，还包括中国内地的十所大学：复旦大学、哈尔滨工业大学、南京大学、北京大学、中国人民大学、上海交通大学、中山大学、清华大学、厦门大学和浙江大学。其中，中国内地十所大学推荐的学生，全部到香港大学学习。

目前，由经纶慈善基金资助的"冯氏学者"和"冯氏学人"

的总数已超过4 000人,这些学生由各个大学推荐,到境外大学学习。他们其中不少为家境小康或草根阶层的子弟,能够有机会到海外深造,对他们来说是新鲜而不寻常的经历,既拓宽了他们的国际视野,也提高了专业水平,为日后的发展做好准备。为了加强他们之间的交流和联系,经纶慈善基金还每年举办"冯氏学者领袖论坛"(Fung Scholars Leadership Conference),邀请世界各地的"冯氏学者"和"冯氏学人"参加。论坛的地点包括香港、上海、新加坡、波士顿等地。论坛每年都有不同的主题,如2011年主题为"东西方的领导观——从亚洲角度看领导观念",2012年为"领导和管理变革:青年领袖的角色",2013年为"大转变:在数码世界我们如何学习、工作和创新",2014年为"亚洲的奇迹:对青年领袖有什么意义"。论坛每年都邀请国际知名学者前来演讲。2014年的论坛还专门介绍"冯氏学者"的创业经

2011年9月冯氏学者领袖论坛在香港举行

验。内地的"冯氏学者"相继在南京、上海、北京、厦门等地自发建立同学联谊会,以加强彼此的联系和交流。经纶慈善基金给予适当的资助。

经纶慈善基金的另一个重点是,资助教育和研究,包括美国布鲁金斯学会(Brookings Institution)、麻省理工学院中国管理教育课程(MIT/China Management Education Project),在美国圣保罗学院(St. Paul's School)设立的冯氏家族中文教学基金(Fung Family Chinese Teaching Fellow Fund),在北京大学和香港理工大学中国社会工作研究中心设立的利丰中国社会政策研究基金,由香港幼儿教育及服务联会推行的"小学英语教学计划"的初小和高小阶段部分,龙传基金的"世界公民计划",香港大学的商务咨询实习,以及创办经纶国际经济研究院等。

与经纶慈善基金不同,冯氏(1906)慈善基金的重点在于履行企业的社会责任,支持集团同事自发参与社会服务、回馈社会,推进可持续发展。内容有三个,即关怀社群、培育人才和环境保护。关怀社群主要包括救急扶危和社区建设两个方面。救急扶危主要为赈灾。2006年印度尼西亚发生地震,基金捐款赈灾,冯氏员工协助兴建了25个多用途收容所。2008年四川汶川发生特大地震,员工在集团发起赈灾活动,并捐助集团所筹善款的同等数目予灾区。冯氏旗下各公司均投入赈灾活动,利和经销捐出采购的消毒液予红十字会,利丰贸易捐出采购的小型发动机予较边远的灾区,旗下零售公司则举办各类筹款活动。2010年和2013年青海及四川芦山先后再发生地震,基金发起赈灾活动,并捐助发起善款的等同款项。

在社区建设方面,2008年,冯氏(1906)基金发起越南"兴建校舍计划"，与客户携手资助由越南儿童基金发起的兴建校舍项目，冯氏员工义务为学生定期筹办课外活动及学习班。2009—2012年，冯氏（1906）基金于香港社会服务联会设立冯氏社企基金，以支持发展香港的社会企业平台，冯氏员工扮演社会天使，义务向社企或非政府组织提供咨询服务。2010年以来，基金先后资助仁人家园"大澳复修"、世界宣明会"饥馑一餐"、"手术后儿童关怀计划"等慈善活动，协助修复香港大澳棚屋之间的通道、捐款帮助全球各地正在饱受饥饿的贫苦人士、对陕西、江西和湖南等较偏远农村地区的手术后儿童表示关怀。2011年，又与广东省红十字会合作，将基金捐出的维他命和矿物质由公司员工派送到当地的养老院及保健中心。

在培育人才方面，冯氏（1906）慈善基金先后资助多项教育、人才培训和研究等项目。2006—2009年，基金先后在曼谷、香港、新加坡、上海、纽约、马尼拉等地与当地大学合作举办"价值链研讨会"。2007年以来，基金参加了由非政府组织国际成就计划香港部主办的"工作影子"计划，每年由冯氏集团旗下各公司对香港的中学生定期开放办公室，由公司的同事指导这些中学生参与业务工作；又不定期地举办业务讲座，派公司资深员工和管理人员向他们讲授零售、便利店的专业知识和实践经验。2009年，基金与孙冶方经济科学基金会合作，推出"利丰交流计划"，资助孙冶方经济科学基金会的获奖人到香港进行学术交流。

在环境保护方面，冯氏（1906）慈善基金积极推动及贯彻与公司业务有关的环保计划，包括推出"环保办公室计划"，在办公室内设置回收箱，鼓励公司员工改变习惯，减少用纸张、用水、

利邦义工于 2011 年 8 月参与仁人家园举办的"大澳修复及建设社区计划"

利丰响应由"地球之友"于 2009 年 4 月 26 日举办的"绿野先锋 2009"植树比赛

八、企业责任与可持续发展

冯氏集团参与国际成就计划香港部"工作影子"计划，图为2014年4月，同学们分享工作体验日的心得

2014年"工作影子"计划参加者合照

用电等,以减少浪费及保护环境;在上海参加"绿色长征——减塑活动",由公司员工同事向购物者提倡减少塑料袋的使用,以减少白色垃圾的危害;参与由富群环境研究院在上海举办的"绿色长征——长江之旅",资助集团员工同事参与为期两星期的沿长江向市民推广节能环保活动。基金还积极 推动公司员工先后在香港、上海、新德里等地开展植树活动、清理海滩等(见图7)。

供应链可持续发展	员工参与	凝聚我们的社区	管理我们对环境的影响
管理风险及法规遵从	C.A.R.E	投资于发展员工潜能	环保意识
负责任的采购	身心健康	帮助有需要的社区	可持续发展设计
与业界协作	事业发展	为改变动员	资源管理

图7 构建可持续发展的业务

■ 冯氏研究

长期以来,冯氏兄弟作为"学者型企业家",对研究社会、经济非常重视。2005年，美国记者托马斯·弗里德曼发布了全球风靡一时的著作《世界是平的：一部二十一世纪简史》。为了回应该书，冯国经、冯国纶兄弟联同美国宾州大学沃顿商学院教授耶尔曼（杰瑞）·温德（Yoram (Jerry) Wind）合著《在平的世界中竞争》。在该书中，冯氏兄弟详尽分析了在"平的世界"中，冯氏集团是如何以更流畅、更具弹性、兼顾控管与授权的全球供应链管理模式去取代旧式的组织架构及僵化的经营制度。同时，美国哈佛商学院在利丰贸易的协助下，完成了多个利丰贸易转型和供应链管理的个案研究，这些个案成为国际上研究全球供应链管理的经典案例。

其实，早在2000年，冯氏集团已在内部设立集团智库——利丰研究中心，组织研究人员收集和分析有关采购、供应链、分销及零售的市场信息，并展开相关研究。该中心借助集团独特的关系网络和信息网络，监测中国及其他亚洲国家的经济、商贸等发展概况和发展趋势。此外，设于美国的全球零售与科技研究团队追踪全球零售与科技趋势，尤其着眼于科技如何相互影响、如何在当前全球零售业大变革环境下汇聚知识群体。该中心通过撰写研究报告及出版刊物，与世界各地的企业、学者和政府分享市场信息和独到见解，同时为集团及其合作伙伴就进入中国市场、企业架构、税务、牌照及其他政策法规方面的事宜提供专业意见及顾问服务。

2003年，在冯氏兄弟的指导下，利丰研究中心完成并出版了题为"供应链管理：利丰集团的实践经验"的研究著作。该书详尽介绍了利丰如何通过供应链管理的创新，将公司从一家旧式进出口贸易公司改造提升为现代商贸巨擘的经验和实践。该书受到了香港特别是中国内地商界、学术界的广泛好评,不少高等院校甚至将该书列为课程参考书或教材。该书的出版可以说是冯氏集团对国内外商贸业的一个贡献,它推动了香港及内地供应链管理业务的发展。正如当时中国国务院发展研究中心高级研究员吴敬琏在该书"前言"中所指出的:"利丰集团的经验对于中国内地的商贸业的现代化发展有着更为重要的借鉴意义。因为它不仅为内地传统的内外贸企业的改造和发展探索出了可借鉴的方向和方法,也为国内企业通过高效率的供应链管理降低流通成本,提高企业效益做出了榜样。"①

2008年起,利丰研究中心与国内多个单位合作出版发展报告,包括与中国物流与采购联合会合作出版中国采购发展报告;与中国国家统计局及中国物流与采购联合会合作发表中国首项官方采购经理指数(PMI);与中国连锁经营协会合作,为中国零售连锁店营运商制定关键绩效指数系统;与中国商业联合会专家工作委员会携手挑选出每年的中国商业十大热点;与中国社会科学院财政与贸易经济研究所合作出版《商业蓝皮书》。目前,中心出版的研究报告及刊物包括:中国制造业采购经理指数月度报告、中国制造业采购经理指数季度报告、中国物流业景气指数月度报告、中国采购季度报告、中国贸易季度报告、中国分销及零售、中国行业报告、中国城市群、商业模式、电子商贸、亚洲采购、亚洲分销及零售等。

为了加强对正在迅速崛起的亚太区的研究,提高亚洲区在国

---

① 利丰研究中心:《供应链管理:利丰集团的实践经验》,9页,香港,三联书店,2003。

际社会的发言权，2011年8月，在冯国经、冯国纶的积极推动下，由经纶慈善基金资助1 500万美元，筹建、成立经纶国际经济研究院（Fung Global Institute）。研究院由冯国经担任董事会主席，前香港证券及期货事务监察委员会主席沈联涛担任院长，诺贝尔奖经济学家迈克尔·斯宾塞（Michael Spence）教授担任研究院学术委员会主席，香港大学教授肖耿担任研究总监。研究院还聘请一批资深学者，包括刘明康为杰出研究员。

经纶国际经济研究院的核心人物：冯国经（左）、沈联涛（中）及迈克尔·斯宾塞（右）

在成立典礼上，主席冯国经强调，研究院有两个特点：一是立足香港、放眼全球；二是研究成果与企业实际相结合。他表示，全球经济正在发生空前变化，而亚洲在这些变化中发挥的作用日益明显，"所以我们有必要将亚洲的事业融入全球对话中，以缔造更具建设性的未来"。院长沈联涛表示，研究院作为亚洲全球智库之一,希望为企业领袖和决策者提供研究成果,以便让企业更好地应对时代变迁。

研究院成立初期,将研究集中在四个方面,分别为"全球供应链:新经济版图中的贸易与就业";"全球治理:迈向2020年的亚洲金融业";"中国新的增长模式:十二五规划的落实与影响";"全球增长与可持续发展:新的生活方式和经济增长模式"等。其中,"全球供应链:新经济版图中的贸易与就业"由世界贸易组织首席经济学家主持,已出版多部论文集;"中国新的增长模式:十二五规划的落实与影响"则由经纶国际经济研究院与国家发改委合作,重点研究了"佛山模式"。经纶国际经济研究院还与香港大学、美国哈佛大学亚洲研究中心、瑞士洛桑国际管理学院和美国麻省理工学院斯隆商学院等知名国际学府建立伙伴关系,包括定期举行年度论坛、商业报告会和讲座,以推进相关团体间的交流。

2012年,经纶国际经济研究院在香港举办首届年度论坛"亚洲—全球对话"(Asia Global Dialogue),主题为"在全球新格局下的政策挑战和对亚洲营商的影响",来自全球各地约400位具影响力的工商界、金融界、政界和学术界的知名人士和学者参加了会议。2013年第二届"亚洲—全球对话"论坛上,会议进一步探讨了全球价值链、亚洲新金融架构、演变中的中印增长模式及亚洲可持续发展,以及亚洲在全球新经济格局中所扮演的角色。经纶国际经济研究院在论坛上提交了他们的研究报告,题为"从佛山看中国改革"。该报告通过解剖中国改革开放前沿地区珠三角的一个城市佛山,来厘清中国在发展市场经济的过程中政府与市场之间的关系,并提出未来中国深化改革的一些思路和启示。

该报告在国内外产生了积极的影响。英国《经济学人》给予深入的报道。项目主持人之一的研究院副总裁肖耿被邀请到国务院发展研究中心和国家行政学院做专题演讲。

2015年7月，经纶国际经济研究院与香港大学合作，由研究院资助1亿港元共同创办亚洲环球研究所，该研究所将在经纶国际经济研究院过去四年研究成果的基础上，通过港大经济及工商管理学院、社会科学学院、法律学院及工程学院的长期跨学科学术研究及培训工作，提升至更高的层次。经纶国际经济研究院创院主席冯国经，以及学术委员会主席、诺贝尔经济学奖得主迈克尔·斯宾塞，分别担任顾问委员会主席及学术委员会主席。而亚洲环球研究所的所长将冠以"冯国经及冯国纶基金教授"（Victor and William Fung Endowed Professor）的头衔。亚洲环球研究所将肩负并延续经纶国际经济研究院的使命，致力于发展成为国际间代表亚洲地区影响力的领导研究机构。

肖耿在谈到经纶国际经济研究院的创建时，曾表示：冯国经是一位成功的企业家，创造了利丰的全球供应链管理模式，但他首先是一位学者，早年在哈佛大学做教授，再加上他担任一系列社会公职的实践，能够深刻体会社会的需要，能够发现问题，对国际经贸发展有其独特的深刻了解和认识，看问题看得很长远。冯国经、冯国纶兄弟创办经纶国际经济研究院是一件功德无量的事情，不是一般人可以做到的，需要很高的社会责任感，再加上他们个人独特的人格魅力和亲和力，所有这些因素结合起来才促成了这件事情。

九、发展愿景

2013年9月和10月,习近平主席在出访哈萨克斯坦和印度尼西亚期间,提出了建设"丝绸之路经济带"和"海上丝绸之路"的战略构想。"一带一路"的整体框架包括围绕陆权与海权建设,形成互联互通的亚洲经济体系,合作重点包括政策协调、设施联通、贸易畅通、资金融通、民心相通等方面。其中,政策协调被视为成功的关键,而优先目标则是连通各国基础设施。在贸易畅通方面,将推动沿线国家降低非关税壁垒、提高技术贸易措施的透明度,推动投资便利化,扩大相互投资领域。为此,中国牵头成立了亚洲基础设施投资银行,并设立丝绸之路基金。

根据冯氏集团利丰研究中心分析,在"一带一路"战略中,最有可能参与的国家和地区将达到58个,分别约占全球人口、GDP和家庭消费的64.2%、37.3%和31.4%。其中,许多国家(特别是中国内地沿海省份)拥有大量的新兴中产阶层,他们被视为未来经济增长的主要动力。而根据经济合作与发展组织(OECD)在2010年的一项研究,全球中产阶层人数将从2009年的18亿人增加到2030年的49亿人,同期中产阶层消费支出将从21万亿美元增加到56万亿美元,其中超过80%的增长来自亚洲。

因此，随着"一带一路"战略实施以及贸易投资自由化和便利化的推进，将为该区域内沿线国家的内外贸、分销零售、物流等行业带来庞大的发展商机。冯氏集团利丰研究中心认为，"一带一路"战略的实施将为集团带来新的发展商机。

冯氏发展历程：与中国的转变密切相关

纵观过去110年冯氏的家族生意，冯氏从传统华人商号发展成为现代跨国集团，从中国内地出发到再进军中国内地市场，无不与中国（包括香港）的政治、经济环境的转变，有着极为密切的关系。从1906年利丰创办以来，冯氏的发展与香港、内地的转变一样，大体经历了四个阶段：

第一个阶段，从1906年到1949年中华人民共和国成立。这一时期，中国与欧美等西方国家的贸易模式开始回归正常化，即从香港开埠时期从西方国家通过英美等外资洋行向中国输入鸦片，以换取所需要的茶叶、丝绸等，转变为互惠的贸易，即中国向西方国家出口茶叶、丝绸、陶瓷及其他杂货产品，并向西方国家进口本身所需的工业产品。这一阶段，香港充当了中国与西方贸易的转口港角色。冯氏就是在这种历史背景下起步发展的。冯氏从内地采购陶瓷、烟花、爆竹、传统手工艺品等，通过香港转口港的功能，向美国等西方国家市场出口。在这种贸易模式中，创办人冯柏燎由于精通英语，充当了中国供货商和美国客户之间买卖的中间商的角色，并获得了约15％的佣金。这种贸易模式相当简单，从某种程度上看，冯氏的经营就是当时典型的东西方贸易的一个缩影。

第二阶段,从 1949 年中华人民共和国成立到 1978 年底中国宣布改革开放。这一时期,由于受到 1950 年朝鲜战争爆发、联合国对中国实施禁运的影响,香港经济转型,从传统的贸易转口港迈向工业化道路,并发展成为远东重要的出口加工中心。当时,国际贸易市场上,作为买方的欧美客户和作为供货商的香港厂商,其影响力正迅速扩大,作为中间商的贸易公司的生存空间日益缩小,所收取的佣金逐渐减少到 10%、5%,甚至 3%。面对形势的转变,冯氏第二代于是调整经营策略,从在中国内地采购的转口贸易转向从本地采购的出口,同时将业务从单纯的采购代理向供应链管理的上、下游延伸。这一阶段,冯氏的角色已从单纯的中间商扩展到"地区性采购公司"。

第三阶段,从 1978 年中国改革开放到 2008 年美国次贷危机爆发。20 世纪 80 年代初,世界经济衰退,西方国家实行严厉的贸易保护主义,而邻近的台湾、韩国、新加坡等地区也加强它们的竞争,香港制造业产品出口面临日益困难的市场环境。这一时期,中国实施的改革开放政策,极大地推动了经济全球化的进程。冯氏集团主席冯国经认为:中国的改革开放政策将中国超过 5 亿的劳动人口解放出来,再加上其后东南亚、印度及苏联东欧国家的劳动人口的释放,即整整释放了近 10 亿的劳动人口,进而推动了跨国公司的全球化生产,并促使跨境贸易蓬勃发展。在这种宏观经济背景下,香港产业大规模向以广东珠三角为核心的南中国以及亚洲其他地区转移,香港产品从 Made in Hong Kong 转向 Made by Hong Kong,香港亦重新恢复其作为中国贸易转口港的传统角色。随着香港厂商将其生产工序和产业向全球各地扩散,冯氏将其采购网络扩展至全球各地,冯氏的经营模式亦进一步演变,发展成为"分散生产"或"无疆界生产"的管理者角色,即全球供应链管理者的角色。

未来挑战与发展愿景

目前,冯氏的发展正进入第四个阶段,即从 2008 年美国次贷危机爆发到现在。冯国经、冯国纶兄弟认为,自 2008—2009 年美国次贷危机引发全球金融海啸以来,国际经贸环境发生了深刻的变化,一方面由于金融海啸对欧美国家经济造成重挫,特别是欧洲持续的主权债务危机导致经济低迷,而另一方面在危机中新兴的发展中国家和地区则能够继续维持较高的经济增长,这导致了世界经济的发展重心逐步向亚太地区转移。

在这种转变中,国际经济出现了一个重要的现象:以中国为代表的新兴市场国家的消费正迅速崛起。冯国经表示,2008 年危机爆发给国际社会一个最重要的启示,原来中国等新兴市场国家不仅仅是全球性生产基地,而且更是迅速增长的、庞大的消费市场。目前,全球消费中,经济合作与发展组织国家约占 65%,非经合组织的新兴市场国家约占 35%,但未来后者所占比重将会提高,估计未来 20~30 年间可能上升到占一半以上。换言之,将来不仅生产全球化,消费亦将全球化。冯国纶亦指出,2009 年是一个重要的转折点,国家在制定十二五规划时明确提出了扩大内需的发展战略,标志着中国正从过去的所谓"世界工厂"转型为庞大的消费市场。这一年,美国经济总量为 17 万亿美元,中国为 9 万亿美元,刚超过日本而成为全球第二大经济体。估计到 2039 年,中国经济总量将超过美国。因此,未来发展的最大商机

九、发展愿景

将在中国,并延伸到亚洲地区。这种国际经济的转变,无疑对全球跨国公司都提出了新挑战:公司将如何因应这种转变进行全球布局?

冯国经表示:2008年以前,全球供应链管理还是相对比较简单的,主要就是在亚太区等发展中国家进行采购,向欧美分销商提供各类供应链环节上的增值服务,然后通过分销商销售到欧美市场。整个供应链管理是单向的,相对较为简单。"过去30年,冯氏跟随着中国内地及香港经济环境的转变,跟随生产全球化的潮流,创造了这种单向的全球供应链管理的新模式。这一时期,冯氏面对的主要是欧美的消费市场。在在岸分销领域,冯氏面对的是十个或数十个大型分销商,这些分销商所占市场份额都相当高,换言之,市场相当成熟。冯氏对此已轻车熟路,建立了一套成熟、高效的管理模式。但是,2008年以后,情况发生了深刻变化,不仅生产全球化,而且消费全球化,全球供应链管理将不再是单向发展的,而是双向发展,更趋复杂。"未来,冯氏在发展双向性供应链管理的新模式中,集团面对的新兴市场并没有欧美市场那么成熟,它面对的将是成千上万的分销商,这些分销商所占的市场份额都不高。对此,冯氏将如何进行新的布局,如何根据各种消费者的不同需求,提供相应的增值服务,可以说既是新的挑战,同时又蕴藏着新的商机。

冯国经还表示,当前,另一个值得重视的是全球电子商务的崛起。电子商务的崛起,包括以iPhone为代表的新一代手机的盛行,改变了全球消费者传统的消费习惯,使传统的分销、零售领域面对全新的局面。冯氏将如何适应这种全新的局面,亦是不容忽视的新挑战。冯氏认为,目前,正出现两种发展趋势,一方面，以阿里巴巴、亚马逊为代表的电商，正积极寻求与线下的合作，阿里巴巴和苏宁的合作就是一个例子；另一方面，实体商也积极发展在线业务。最终的结果，必然是线下与在线相结合，发展出全渠道经营的商业模式（O2O）。因此，电子商务的崛起，就如同过去科技进步一样，它会带来创新，带来变化，对传统商贸有压力，有挑战，但这不是翻天覆地的变化，不是根本的转变。在电子商贸崛起中，不是产生新的行业，而是在原有行业中应用新的营运模式，是用新科技去服务原有的客户。在这种转变中，像冯氏这样在线下具有强大网络的集团来说，应该更具有优势。

正是基于对未来30年国际经贸发展趋势的这种认识，冯国经、冯国纶兄弟对国家主席习近平提出的"一带一路"战略给予高度的评价，直言"很厉害"、"很劲"，认为该战略符合当今世界经济发展的整体趋势，对推动全球经济发展，特别是配合新兴市场国家的崛起，具有深远的意义。冯国经表示："一带一路"从南北两个方面推动全球经济合作。其中，北面的"丝绸之路"有利于促进将中国所需要的原材料、石油等大宗商品物资输入中国，推动中国经济发展；南面的"海上丝绸之路"有利于将中国生产的产品输向沿线各国，而非经合组织的新兴市场国家在"海上丝绸之路"沿线几乎占一半比重以上。这一战略的实施，有利于进一步疏通中国与"一带一路"各国的贸易障碍，加强合作，从而为冯氏未来的发展注入新的动力。冯国纶表示，随着中国内地成本的上涨，冯氏的采购无疑将进一步转移向亚、非等其他发展中国家。但这些国家的基础建设相对较弱，"一带一路"战略将借中国的财力协助这些发展中国家完善基础设施，可以说，冯

九、发展愿景

氏的采购、物流等业务,将紧随"一带一路"战略的实施而进一步扩展到这些发展中国家。

因此,面对国际经贸环境的这种新转变、新挑战,冯氏兄弟充满信心。事实上,过去十年来,冯氏集团一直为此未雨绸缪,包括实施登陆美欧的"本土策略"、组建利丰美国和利丰欧洲、私有化利和并组建利丰亚洲,以及分拆利标上市,又先后组建集团的零售公司,包括利亚零售、利邦、利童、利时等公司,从而构建了与全球采购网络相辅相成的全球性品牌分销网络、全球物流网络以及亚太区零售网络。冯国经表示:未来30年,冯氏将在继续发展欧美消费市场的同时,积极发展亚太区新兴国家市场;在继续发展线下实体业务的同时,积极发展在线业务,并致力于建立全渠道经营(O2O)的新商业模式。

冯氏集团的发展愿景,是要在未来全球经贸格局的大演变中,继续扮演在成衣、杂货、健康美容、食品四大领域的全球消费品销售的领先者。

大事年表

1840年6月　英国发动第一次鸦片战争

1841年　太平洋行在广州创办

1841年1月26日　义律率领英军强行占领香港岛

1841年6月7日　义律代表殖民当局宣布香港开埠，辟为自由港

1842年8月　中英两国政府签订《南京条约》

1856年　英法联军进攻广州，广州居民愤而焚毁十三行洋人商馆

1860年　和记洋行在香港创办

1861年9月　英、法两国分别与两广总督劳崇光签订《沙面租界协定》，强行租借沙面

1880年　冯栢燎在广东鹤山出生

1891年　天祥洋行在上海创办

1898年6月9日　英国政府强迫清政府签订《展拓香港界址专条》，强行租借"新界"

1900年　冯栢燎入读香港皇仁书院

1904年　冯栢燎在香港皇仁书院毕业

1906年11月28日　冯栢燎与李道明在广州创办利丰公司

1911年　冯汉柱在广州出生

1911年10月　九广铁路全线通车

1915年　冯栢燎作为中国政府代表团代表应邀参加在美国举行的"巴拿

马—太平洋世界博览会"

1916 年　冯栢燎在从美国返回香港的航程中结识美国纽约伊拿士有限公司的约瑟夫·聂沙

1917 年　冯栢燎在香港开设利丰分支机构

1927 年　冯慕英在香港拔萃书院毕业后加入利丰

1930 年　冯丽华在香港嘉诺撒圣心书院毕业后加入利丰

1931 年　冯友仁自立门户成立联丰公司

1931 年　冯汉柱在香港英皇书院毕业后加入利丰

1931 年 9 月 18 日　"九一八"事变爆发,日本军队侵略中国东北地区

1935 年　冯汉柱在香港创立香港利丰公司

1937 年　利丰（1937）有限公司在香港注册成立

1937 年 7 月 7 日　"七七卢沟桥"事变爆发,日本对中国展开大规模侵略

1938 年 10 月　广州沦陷

1939 年　利丰在香港开设域多利电筒制造有限公司

1941 年 12 月 7 日　日本军队偷袭美国珍珠港,并占领上海租界,太平洋战争爆发

1941 年 12 月 25 日　日本攻占香港

1943 年 4 月 15 日　冯栢燎在广州病逝

1945 年 8 月 15 日　日本宣布无条件投降

1945 年 8 月 16 日　冯汉柱赶回香港重掌利丰产业

1945 年 8 月 30 日　夏悫率领皇家海军特遣舰队抵达维多利亚海港

1945 年　冯国经在香港出生

1946 年　利丰输入原子笔

1946 年　冯慕英和冯汉柱出任公司常务董事长

1946 年　太古贸易有限公司创办

1946 年 5 月　杨慕琦返港重任总督,接管军政府行政大权,并成立文官政府

1946年10月1日　李道明将所持利丰300股股份出售给冯氏家族成员

1949年　利丰广州分行结业

1949年　冯国纶在香港出生

1950年　朝鲜战争爆发，以美国为首的联合国对中国实施贸易禁运

1955年　利丰将属下位于中环干诺道中18至20号的三幢住宅物业拆卸，重建成高12层的冯氏大厦

1959年　港制产品的出口总额首次超过了转口贸易值，标志着香港已走上工业化道路

1960年　冯汉柱出任市政局议员

1964年　冯汉柱出任立法局议员

1965年　香港爆发战后以来最严重的银行危机

1965年　冯汉柱荣获O.B.E勋衔

1967年　香港爆发战后以来最严重的骚乱

1968年　利丰在台湾设立统一爆竹及烟花制品有限公司

1969年　利丰在台湾设立利丰（台湾）有限公司

1969年12月17日　李福兆等多位财经界人士创办远东交易所

1970年　英之杰收购天祥洋行

1970年　英之杰采购服务集团成立

1971年6月　冯国经取得美国哈佛大学哲学博士（专研商业经济）学位

1972年　冯国纶从哈佛大学毕业后返港加入利丰

1973年　利丰成立利丰（新加坡）有限公司及利丰（澳门）有限公司

1973年　利丰购入货轮"光丰轮"

1973年　冯国经从美国哈佛大学返港加入利丰

1973年3月　利丰进行架构重组，成立利丰有限公司

1973年3月6日　利丰成立利丰（零售）有限公司

1973年3月27日　利丰发出招股章程，获得113倍超额认购

1973年4月17日　利丰有限公司在香港挂牌上市

大事年表

1975 年　　Colby 集团创办

1975 年　　冯国纶被委任为利丰（贸易）有限公司董事

1975 年 2 月 4 日　　冯慕英病逝，冯汉柱任利丰董事局主席兼董事总经理

1976 年　　"文化大革命"结束，中国政局渐趋稳定

1977 年　　冯国经被委任为利丰（贸易）有限公司董事总经理

1977 年　　利丰与美资商标系统制造商合资创办梭羁商标系统香港有限公司

1977 年　　利丰与美国女装服饰集团 Leslie Fay 合资成立利辉国际有限公司

1978 年　　利丰成立全资附属公司利佳成衣有限公司

1978 年　　利丰购入货船"文丰轮"

1978 年　　中国共产党中央委员会召开十一届三中全会，确定改革开放路线

1979 年　　利丰与长江实业集团合组厚诚置业有限公司，重建冯氏大厦

1979 年　　利丰与荷兰成衣连锁集团 Peek & Cloppenburg 联营，成立禧隆有限公司

1979 年　　太古常务董事邓莲如创办金巴莉企业有限公司

1981 年　　冯国经加入利丰董事局，接替冯汉柱出任公司董事总经理

1981 年　　利丰与英国 Combined English Stores 集团联营，成立利时有限公司

1981 年　　冯国纶出任利丰置业董事总经理

1981 年　　利丰收购经营货物集散及转运的名高集运有限公司

1982 年　　利丰与法国保险集团 Groups des Mutuelles Du Mans 合营，成立乐民保险有限公司

1982 年　　利丰设立利丰工商管理公开讲座基金

1982 年 9 月　　英国首相撒切尔夫人访问北京，提出香港前途问题

1984 年 12 月 19 日　　英国首相撒切尔夫人与中国总理赵紫阳在北京签订《联合声明》

1985 年 1 月　　利丰与美国 Circle K Corporation、日本 UNY 合作，成立利亚零售有限公司

1986 年　冯国纶接替冯国经出任利丰董事总经理

1986 年　利丰与美国玩具超级市场集团 Toys "R" Us, Inc. 合作，在香港开设玩具"反"斗城

1986 年　冯国经创办美国宝信亚洲投资有限公司

1987 年　冯国经出任香港创业基金协会创会会长

1987 年 10 月　美国股市暴跌引发全球性股灾

1988 年 10 月 10 日　利丰向公司全体股东提出全面收购建议，使利丰成为经纶公司的全资附属公司

1989 年 1 月　利丰完成私有化

1989 年 11 月　和记黄埔集团将和记洋行售予英之杰

1991 年　冯国经获委任为香港贸易发展局主席

1991 年 10 月 25 日　经纶控股公司通过全资附属公司——利丰（1937）有限公司，将旗下的出口贸易业务重组为利丰有限公司

1992 年 7 月 1 日　利丰有限公司经重组后在香港挂牌上市

1993 年　冯国纶获委任为太平洋经济合作香港委员会主席

1993 年　利丰与鹤山市经济拓展总公司合资，在广东鹤山发展鹤山食品城

1993 年　利丰与原番禺市石楼镇下属单位合资，在番禺发展番禺商贸城

1994 年 8 月　冯汉柱在香港病逝

1995 年　利丰启动大型内部网络，以简化及加速公司内部沟通

1995 年 1 月　利丰成立利丰批发集散中心发展有限公司

1995 年 7 月　利丰通过利丰批发集散中心发展有限公司与中方合资，在番禺商贸城内开发广州番禺利联仓行

1995 年 7 月 1 日　利丰收购英之杰采购服务集团

1995 年 12 月　利丰董事局主席冯国经获香港"商业成就奖"

1996 年　利丰推行将天祥融入利丰的合并计划

1996 年　冯国经、冯国纶入选美国《商业周刊》全年 25 名最佳经理

1996 年　利丰为庆祝公司成立 90 周年出资 1 000 万港元，赞助贺岁烟花

汇演

1996 年 7 月　利丰与意大利 Agnelli 家族结成策略性联盟

1997 年　利丰重组 OK 便利店业务

1997 年　广州番禺利联仓行第一期工程完成并正式开业

1997 年 7 月　亚洲金融危机爆发

1997 年 7 月 1 日　香港回归中国

1998 年 10 月　杨立彬出任 OK 便利店集团行政总裁

1998 年 11 月　利丰（1937）有限公司联同四大投资机构合组利丰（经销）集团有限公司

1999 年　利丰经销开始在物流业务推行 SSA、WMS、Exceed 等管理系统，并在营销业务中采用 People Soft Enterprise One

1999 年　冯国纶获香港科技大学颁授工商管理学博士学位

1999 年　利丰入选《亚洲货币》评选的香港最佳管理公司

1999 年　OK 便利店投资 2 000 万港元建立第三代 e-POS 电子销售点管理系统

1999 年 1 月 8 日　利丰经销与英之杰集团达成两项收购协议，收购英之杰在亚太区市场推广业务

1999 年 5 月　冯国经出任香港机场管理局主席

1999 年 7 月　冯国经、冯国纶兄弟成为著名杂志《远东经济评论》封面人物

1999 年 9 月　利丰与 Toys "R" Us, Inc. 签订新协议书，成立新合营公司，收购新加坡和马来西亚的玩具"反"斗城业务

1999 年 12 月 29 日　利丰与太古达成收购协议，收购太古贸易有限公司及金巴莉有限公司

2000 年　冯国纶当选美国《商业周刊》的年度"亚洲之星"

2000 年　利丰制造收购上海东方海外食品有限公司

2000 年　利丰公布电子商贸发展策略，成立电子商贸附属公司 lifung.com

2000 年 9 月　利丰宣布分别以合资及独资形式发展两个电子商贸项目

2000 年 10 月　利亚零售有限公司成立

2000 年 11 月 8 日　利丰宣布收购 Colby 集团

2000 年 12 月　英和物流在新加坡开设地区性物流及供应链管理中心

2001 年　利丰零售将快图美股权转让给中港照相集团

2001 年 1 月 18 日　利亚零售在香港创业板挂牌上市

2001 年 2 月　利丰推出 Studio Direct.com

2001 年 4 月　利亚零售与中国内地两家公司合资成立利亚零售华南有限公司

2001 年 9 月　冯国经出任香港大学校务委员会主席

2001 年 10 月 31 日　利丰宣布与日本日棉集团缔结策略性商业联盟

2001 年 11 月　中国加入世界贸易组织

2002 年 7 月　利丰贸易收购 Janco Overseas Limited 公司

2003 年　香港特区政府颁授冯国经金紫荆星章，以表彰其对社会做出的杰出贡献

2003 年 5 月　利丰经销将集团管理架构精简化，并决定使用物流业务的名称，将核心业务归于利和品牌之下

2003 年 8 月　利丰有限公司收购美国成衣进口商 International Sourcing Group，LLC 余下 1/3 股权

2003 年 9 月　利丰研究中心出版《供应链管理：利丰集团的实践经验》

2003 年 11 月 4 日　利丰经销集团内部正式使用利和经销称号

2003 年 12 月　利丰有限公司收购世冠制衣有限公司及 International Porcelain，Inc. 的采购业务

2004 年　利丰有限公司与 Levi Strauss & Co 订立特许权协议，于美国设计、生产及推销 Levi Strauss Signature 品牌的上衣服饰

2004 年初　利丰有限公司获 Official Pillowtex LLC 授予一项特许权，以著名的 Royal Velvet 品牌制造及分销家居纺织品及家居装饰产品

2004年2月26日 冯国经获香港特区政府委任为新成立的大珠三角商务委员会主席

2004年4月 利和商务成为根据CEPA获得批准在中国内地成立全资公司的首批分销公司之一

2004年12月7日 利和经销集团有限公司在香港挂牌上市

2005年 利丰贸易开始实施登陆美国的"本土策略"（Onshore Strategy）

2005年 利丰贸易完成五项收购，包括收购Comet Feuerwerk GmbH公司余下的55％权益、PromOcean The Netherlands BV、美国成衣公司Briefly Stated Holdings, Inc.、Young Stuff Apparel, Inc.，以及一家以采购印度尼西亚家居用品为主的非成衣消费品代理商

2006年 利丰贸易收购欧洲最大的百货公司及邮购集团、德国最大的零售商Karstadt Quelle旗下的采购业务

2006年 利和经销先后收购马来西亚一家第三方物流营运商，以及美国一家成衣物流公司

2006年 经纶慈善基金和利丰（1906）慈善基金设立，其后改名为冯氏（1906）慈善基金

2006年11月8日 玩具"反"斗城在上海开设内地第一家分店

2006年4月30日 利丰集团通过冯氏家族私人拥有的投资基金——利丰亚洲投资收购DDL集团及Green集团的全部股权及若干制造业务

2006年12月31日 利丰在百慕大注册成立利邦控股有限公司作为DDL集团及Green集团的控股公司，并对集团业务进行重组，包括将所有的制造业务权益出售给由Fung Trinity Holdings持有25％股权的Lever Style，将Salvatore Ferragamo并入利邦

2007年 利丰贸易完成了七项收购兼并，包括收购Tommy Hilfiger全球采购业务、CGroup股权、英国及欧洲著名零售供货商Peter Black International Limited、美国成衣及品牌管理公司Regatta USA LLC、PA Group LLC及Donnkenny LLC（合称"Regatta"）以及AME

2007年　利和经销完成三项收购，包括马来西亚两家历史悠久的快速流转消费品分销商 Sebor（Sarawak）Sdn. Bhd.（现为 IDS Sebor（Sarawak）Holdings Sdn. Bhd.）67.09％权益及 Sebor（Sabah）Sdn. Bhd. 40％权益，以及英国 Peter Black 集团旗下专营物流业务的 PB Logistics Limited（现为 IDSLogistics（UK）Limited）

2007年2月　利亚零售收购圣安娜饼屋并将其私有化

2007年6月　冯国经当选为具有90年历史的国际商会副主席，成为担任这个重要职务的首位亚洲人

2008年　美国次贷危机爆发

2008年　冯国纶获香港特区政府颁授银紫荆星章

2008年　利丰贸易完成了五项较小型的收购，包括 Imagine、RT Sourcing、Silvereed Group、伟信行及 Giangt Merchandising，以及进行了两项较大型的收购，包括 Van Zeeland 及 Miles Fashion

2008年7月　利和经销获中国商务部批准从事批发、分销、进出口药物及医疗用品

2009年　美国次贷危机引发全球金融海啸及世界性经济危机

2009年　利丰完成了对上海 JMI、英国鞋履设计及供货商 Shubiz 位于中国的采购部门 Clearskies 等三项收购

2009年　利和香港获得香港贸易发展局举办的"2009年香港物流大奖"中的两个奖项——"物流企业大奖"和"人才培训大奖"

2009年1月　番禺于2000年撤市改区，并启动番禺区现代产业园控制性详细规划报批程序，2009年1月获广州市政府批准实施。番禺商贸城及番禺利联仓行用地皆位于产业园区规划范围内。

2009年8月　利丰贸易与美国女性服饰零售商 Talbots 达成协议，成为 Talbots 品牌的独家采购代理

2009年10月　利丰贸易宣布以总价不超过4.018亿美元收购美国 Wear Me Apparel 的绝大部分资产，这是利丰贸易近十年来最大的一项收购

2009年10月22日 利邦控股宣布于香港联合交易所主板上市的计划,同年11月3日,利邦控股在香港主板上市

2010年 冯国经获香港特区政府颁授大紫荆勋章

2010年 利丰贸易先后收购了以香港为总部,为美容行业提供基本包装、香水及个人护理产品的 Jackel Group、HTP Group 以及 Cipriani Accessories Inc. 及其联营公司 The Max Leather Group 的绝大部分资产

2010年1月28日 全球最大零售商沃尔玛宣布启动新的全球采购战略,与利丰贸易签订采购协议,由利丰贸易为沃尔玛全球采购商品,计划首个财年由利丰贸易负责采购的金额将达到20亿美元

2010年2月 冯国经获美国伍德罗威尔逊国际学者中心颁发的"伍德罗威尔逊企业公民奖"

2010年2月5日 利亚零售位于香港九龙马头角翔龙湾广场的第300间OK便利店隆重开幕

2010年2月26日 利丰宣布将收购英国成衣制造商 Visage 集团,以使公司在发展最为迅速的欧洲市场进行扩张

2010年5月 利丰贸易接手德国 Karstadt Quelle 零售集团的采购业务,全面负责包括纺织品、日用品、电器及小型家具等商品的全球采购

2010年8月10日 利丰贸易宣布将按照协议计划以私有化形式收购利和经销

2010年11月3日 利丰贸易宣布将成为内地体育品牌——李宁于国际及国内市场品牌的采购代理

2010年11月3日 利丰贸易宣布共收到3.35亿股选择以利丰股份作代价,约占私有化计划股份总数99.02%;332万股则选择收取现金,作为注销代价,私有化顺利完成

2010年11月23日 利丰贸易宣布收购 Oxford Apparel(即 Oxford Industries, Inc. 营运子公司之一)绝大部分资产,交易预期年底前完成,作价约1.217亿美元

2010年12月22日　利邦以总现金代价不超过5 300万欧元（约5.39亿港元）收购 Cerruti 1881 品牌

2011年　利童（控股）有限公司成立

2011年5月18日　利丰董事局宣布集团高层管理层的新安排：自即日起乐裕民将出任集团总裁及行政总裁，冯国纶出任执行副主席，而冯国经将于2012年下届股东周年大会退任集团主席职务，届时冯国纶将接替担任主席职务

2011年8月　经纶慈善基金成立经纶国际经济研究院（Fung Global Institute）

2011年11月　Toys "R" Us, Inc. 向冯氏购回玩具"反"斗城亚洲特许经营业务70%股权及控制权

2012年　冯氏零售集团收购 UCCAL Fashion Group

2012年4月　冯裕钧出任利丰有限公司营运总监

2012年7月9日　利丰（1937）有限公司改名为冯氏控股（1937）有限公司，其后集团相应改组为冯氏集团（Fung Group）

2012年2月　冯氏零售集团收购汉登（Hang Ten），其后于8月，汉登集团改名为利时（Branded Lifestyle）

2013年1月　冯氏零售集团有限公司与私募基金公司安盈投资（AEA Investors LP）所管理基金之合资企业购入韩国知名婴儿及儿童服装零售商 Suhyang Group 70%股权

2013年2月　Furla 通过与冯氏集团成立的合资公司，管理旗下产品在香港、澳门及内地的分销业务

2013年6月　冯氏投资集团申请变更番禺商贸城发展规划——"利联新城"生活社区修建性详细规划，获广州市规划局同意批复

2013年9月和10月　习近平主席在出访哈萨克斯坦和印度尼西亚期间，提出了建设"丝绸之路经济带"和"海上丝绸之路"的战略构想

2014年1月　利丰贸易成立了专责统筹供货商支持服务的部门，以提高公司全球供货商旗下的工厂及劳工安全，提升标准及优化营运效率

2014年2月　冯咏仪出任冯氏零售集团有限公司执行董事

2014年3月　利丰贸易收购了中国第五大海运巨头新华货柜有限公司（China Container Line，简称CCL），成为集团的首次大型物流收购

2014年7月　冯裕钧担任利丰有限公司行政总裁

2014年7月9日　利标品牌有限公司在香港挂牌上市

2014年10月　利亚零售与央企中国石化销售签订合作协议，营运管理中石化位于广州的十座石化加油站及易捷便利店

2014年12月　利标品牌与著名球星大卫·贝克汉姆及其业务合作伙伴西蒙·富勒合作，成立合营公司Seven Global，在全球推动Beckham品牌

2015年　圣安娜饼屋成为香港首间推出电子会员计划的西饼面包连锁店

2015年3月　冯氏集团位于上海华东总部的第二幢楼写字楼正式启用

2015年6月　冯氏在上海华东总部设立商业模式研究实验室——利程坊

2015年6月　利丰贸易（中国）控股有限公司、上海百联集团股份有限公司和北京王府井百货（集团）股份有限公司成立合资公司——上海百府利阳商业有限公司。合资公司的主要业务范围涵盖促进自有及授权品牌的开发及管理

2015年7月　经纶国际经济研究院与香港大学合作，创办"亚洲环球研究所"，由冯国经及迈克尔·斯宾塞分别担任顾问委员会主席及学术委员会主席

2015年8月　冯氏零售集团与美国梅西百货集团合作，成立独立合资企业——梅西百货（中国）有限公司

2015年9月　利邦宣布与大卫·贝克汉姆签订五年独家协议，旗下品牌Kent & Curwen将与贝克汉姆合作，推出贝克汉姆的全新系列产品及营销策略，并在中国和全球其他市场开设新的旗舰店和电子商务网站

2015年11月　利丰物流在新加坡一个占地九万多平方米的大型仓储设施正式投入运作，是全东南亚最先进的仓储枢纽

图书在版编目（CIP）数据

承先启后：利丰冯氏迈向 110 周年：一个跨国商贸企业的创新与超越/冯邦彦．—北京：中国人民大学出版社，2016.8
ISBN 978-7-300-23305-5

Ⅰ．①承… Ⅱ．①冯… Ⅲ．①外贸公司-企业管理-经验-香港 Ⅳ．①F279.246

中国版本图书馆 CIP 数据核字（2016）第 195260 号

书中图片除已标明者外，其他均由冯氏集团提供。
作者及出版人已尽力就书中所有转载材料取得版权持有人准许。唯年代久远，如有未尽善处，请有关人士主动与我们联络：djbooks@crup.com.cn。特此声明。

承先启后：利丰冯氏迈向 110 周年
——一个跨国商贸企业的创新与超越
冯邦彦　著
Chengxianqihou：Lifeng Fengshi Maixiang 110zhounian

出版发行	中国人民大学出版社
社　　址	北京中关村大街 31 号　　邮政编码　100080
电　　话	010-62511242（总编室）　010-62511770（质管部）
	010-82501766（邮购部）　010-62514148（门市部）
	010-62515195（发行公司）010-62515275（盗版举报）
网　　址	http://www.crup.com.cn
	http://www.ttrnet.com（人大教研网）
经　　销	新华书店
印　　刷	北京瑞禾彩色印刷有限公司
规　　格	145 mm×210 mm　32 开本　　版　次　2016 年 10 月第 1 版
印　　张	6 插页 2　　　　　　　　　　印　次　2021 年 10 月第 2 次印刷
字　　数	128 000　　　　　　　　　　　定　价　56.00 元

版权所有　侵权必究　　印装差错　负责调换